お金は「金利」で増やすのです

福本眞也
Fukumoto Shinya

大和書房

佐藤さんは、毎月10万円を投資にまわしました。

田中さんも、毎月10万円を貯金にまわしました。

佐藤さんは、

金利（利回り）が5%の商品で運用しました。

田中さんは、

金利（利息）が0・001%の普通預金に預けました。

10年後……

佐藤さんの資産は、
1473万6619円になりました。

田中さんの資産は、
1200万0438円になりました。

※半年複利、源泉徴収税20・315%控除後の数字

2人はそのお金を元本にして、
さらに資産運用をすることにしました。

佐藤さんは、
金利（利回り）が5％の商品を選びました。

田中さんは、
金利（利回り）が2％の商品を選びました。

さらに10年後（合計20年後）……

佐藤さんの資産は、

2186万5172円になりました。

田中さんの資産は、

1406万4947円になりました。

※半年複利、源泉徴収税20・315%控除後の数字

２人はその金額を元本にして、
さらに10年間、資産を運用しました。

佐藤さんは、金利の動きを見て、
債券（金利５％）を選びました。

田中さんは、金利の動きは気にせず、
株式（日経２２５）を選びました。

※田中さんは日経２２５インデックス投資を購入、年あたりの利益は０・１％、信託報酬手数料０・１％

さらに10年後（合計30年後）……

佐藤さんの資産は、
3244万2062円になりました。
田中さんの資産は、
1406万4947円のままでした。

※半年複利、源泉徴収税20・315%控除後の数字

2人の違いを生んだものは何だったのでしょう？

それは、

金利

です。

はじめに　世界は金利で動いている

はじめまして、ＦＰコンシェル株式会社の福本眞也と申します。日系証券会社に8年、外資系投資銀行に15年ほど勤務した後に独立し13年、気づけば金融一筋36年が経ちました。独立後はファイナンシャル・プランナーとして住宅ローンや保険、資産形成まで、お金に関する相談やアドバイスを年間２００件ほど行ってきました。そのなかにはお金の知識がほとんどない方も多数いらっしゃいます。

「どうしたら、お金の動きを理解して、資産を増やせますか？」と聞かれることも多いですが、私の回答はいつも決まっています。

「金利を知るのがはじめの一歩です。今から私がご説明いたします」

「金利」と聞いて、みなさんはどういうイメージを持たれるでしょうか。

「住宅ローンを借りたときの金利でしょ？　ほら、固定金利とか変動金利とかの……」という声が多いかもしれません。住宅ローンに限らず、お金を借りたときに

「金利」という言葉を耳にするかと思います。

お金を借りたら、返すときは借りた金額よりも少し上乗せして返しますよね。その上乗せする額が、借りた金額の何%なのか――。

それが金利です。例えば、100万円借りて、1年後に105万円返す場合は、金利は5%ですね（上乗せした金額5万円÷借りた金額100万円×100＝5%）。なので、お金を借りるときは、多くの人が金利を意識するに違いありません。少しでも低い金利で借りたいと思うのは当然のことです。

では、それ以外のときは、金利を気にしなくてもいいでしょうか？

実は、私たちの生活のほとんどは、金利に左右されています。なぜなら、ほぼすべての企業や個人がお金の貸し借りをしているからです。企業は銀行からお金を借りていますし（融資）、銀行は個人からお金を借りていますし（預金）、国は形の上ですが、主に銀行など金融機関、機関投資家や個人からお金を借りています（国債）。

そして、住宅ローンを借りる個人と同じように、企業や国も金利が低くなればより多くのお金を借りたい、金利が高くなればお金を借りたくない、という心理が働きます。

お金を借りる人（もしくは企業や国）がいるということは、逆にお金を貸す人（もしくは企業や国）もいるということ。お金を貸す人は、どうでしょうか。金利が高いほうが嬉しいですよね。例えば、１００万円を貸して、１年後に１０５万円返ってくるのか（金利が５％）、１０２万円しか返ってこないのか（金利が２％）……。少しでも多く返ってきてほしいと思うのが普通だと思います。

このように、金利によって、お金があちこち移動するのです。

よく「お金の量をジャブジャブにする」という表現を聞きますが、それは金利を極端に低くして（場合によってはマイナスにして）、市場にたくさんのお金を投入することです。企業がそのお金を使って新しい投資を行い、悪くなった経済を活性化させてくれるだろう、という金融政策です。**金融政策とは、日本銀行（以下、日銀）が物価や経済の安定のために金融面から行う政策です。**

ここで大きなポイントが出てきました。

✔景気が悪くなれば、金利が下がる。

世の中の景気が悪くなると、たくさんのお金を借りてもらって投資をしてもらいたい。また個人で言えば、いろいろと消費してもらいたい。そのためには金利を下げて、お金をいっぱい使ってもらうように促します。

逆に、景気が良い場合はどうでしょうか。景気が良いということは、みんなお金に余裕が生まれるので、旅行に行ったり贅沢品などのモノを買ったりするようになります。つまり需要が増えるので、モノの値段が高くなる。要するに、物価が高くなるということです。あまりにも物価が高くなると、インフレという現象が起きるので、それを抑制するために、日銀は金利を高くします。

詳しくは第1章で述べていきたいと思いますが、これだけは覚えておいてください。

✔ **景気が良くなれば、金利が上がる。**

金利というのは景気に左右されているわけです。つまり、**金利を知れば知るほど、**

今の世の中がどのような状況にあるのかがわかります。それは、世の中のお金の動きがわかる、ということです。

お金の動きがわかれば、効率よく自分の資産を築け、増やしていけます。どこに自分のお金を置いておけばいいか、逆にどこからお金を引き上げればいいかがわかるからです。

またお金の動きがわかるということは、どこに投資すればいいのか、どの市場に参入すればいいかなど、ビジネス感覚を磨くことでもあるので、あなたの仕事にも役立つに違いありません。

私は、先進国の中で、日本人ほど金利に疎い国民はいないと思っています。なぜなら、金利を意識しなくてもよかった時代が長かったからです。特にバブル景気と言われるころ、例えば住宅ローンの金利は7%や8%と、今から考えると信じられないほど高かったのですが、それ以上に物価が上がっていたために、高い金利を気にしなくても大丈夫でした。返済額よりも土地の値段（資産価値）のほうが高くなっていたからです。

しかしバブルが崩壊し、失われた20年、30年と言われるほど、日本の不景気が続いたことで、多くの人が金利の重要性にようやく気づき始めました。最初に気づいたのは経済学者など専門家であり、次は金融業界の人たちです。ところが、金融商品を販売している人たちは、あまり金利のことには触れずに、自分たちに都合のいい部分しか見せてこなかったという実情もあります。

自分たちが売りたい金融商品を無知な一般の人たちに売る。すべての販売会社がそうしてきたわけではありませんが、そういったところが少なからず存在するのも事実です。

私は、一般の方々にも金利のことをよく理解していただき、本当に賢い資産形成と資産運用を行ってほしいと願っています。それこそが日本の経済を活性化させることであり、日本の未来を明るいものにすると信じているからです。

世界の幸せのためには、一人ひとりの幸せが大事ですよね。まずは金利を学んで、お金の不安を取り除き、逆にお金を味方につけるようになってほしいと思います。

本書では、第1章で金利の基本を説明し、第2章では金利がどう生活に関わってくるのかに触れ、第3章では金利を使った資産の増やし方を紹介します。付録ではモデルケースごとに資産の増やし方をシミュレーションしています。金利に関する知識をお持ちで、すぐに資産を運用する方法を知りたい方は、第3章からお読みいただいてもかまいません。

日本では長らく低金利が続いてきましたが、２０２２年から２０２３年にかけてアメリカ、イギリス、カナダやオーストラリア、そしてヨーロッパ各国も続々と政策金利を引き上げています。日本と同じようにマイナス金利政策を行っていたスイスもプラスに転じています。マイナス金利政策を継続しているのは、日本だけなのです。

日本で実際に金利が上がると暮らしはどうなるのか、資産はどうしたら増えるのか、本書が考えるきっかけになったら幸いです。

お金は「金利」で増やすのです――目次

はじめに　世界は金利で動いている……9

第1章　金利を知れば、お金の判断ができるようになる

01 お金の貸し借りをするとき、必ず金利が発生する。……24

金利とは？／銀行預金にも金利がある／お金を借りるときに発生する金利

02 金利は、日銀が決めている。……30

金利には、短期と長期がある／短期金利≒政策金利／長期金利のモノサシは、10年物国債／変動金利と固定金利

03 金利を上げ下げするのは、経済を安定させるため。……39

政策金利の役割／日本では、長期金利も政策金利になっている／短期金利は「今」、長期金利は「未来」を見ている

04 景気の良し悪しは、物価によって決まる。 …… 46
景気のモノサシ「消費者物価指数」／景気が良いとはどういう状況？

05 マイナス金利は、異常な状態である。 …… 51
政策金利は２０１６年から変わっていない／物価の高騰で、いずれ金利は上がる

06 短期金利が長期金利より高いのは、景気が後退する予兆。 …… 56
「イールドカーブ」を見てみよう／アメリカは景気が後退するサインが出ている

07 金利が下がれば、株価は上がる。金利が上がれば、株価は下がる。 …… 64
金利と株価は循環している／日本の物価が上がらなかった理由

08 為替は、アメリカの金利と日本の金利の差で決まる。 …… 72
円安と円高のメリット、デメリット／為替と金利の関係／金融政策の動きにアンテナを張ろう

09 金利が円高／円安を決めていると、歴史が証明している。 …… 82
リーマン・ショック後に起きた円高の理由／32年ぶりの円安はなぜ起こったか？

第2章
金利が上がると、生活はどうなる？

10 金利が下がると、物価は上がる（はず）。 …… 92

日本はずっとデフレで苦しんできた／金利を下げても、物価が上がらなかった

11 世界的に見て、日本の物価が安い理由。それにも金利は絡んでいる。 …… 99

ビッグマック1個の価格、日本は世界第41位／円安になると、輸入品の価格が高くなる

12 物価が上がると、給与が上がり、金利も上がる。 …… 106

賃上げがやってきた／物価と給与は連動している

13 金利が上がる局面なら、住宅ローンは固定金利に借り換える。 …… 110

金利1%の差は、どれほどの違いを生むか／変動金利と固定金利、どっちがお得？／早めに固定金利に借り換えておくべし／変動金利の恐ろしい落とし穴

14 **金利が上がったときがマイホームの買いどき。** …… 121
マイホームが高嶺の花になるとき／家賃が上がるタイミング

15 **金利に強くなるためには、米ドルで考える習慣を。** …… 128
消費者物価指数を常にチェックする／基軸通貨＝米ドルを持っておく強み／日本にいながらインバウンド生活

第3章 金利を使って、資産を増やす

16 **金利の動きを見れば、投資先がわかる。** …… 136
金利を理解する前に、投資をしてはいけない／「とりあえず投資」で利益を出せるか？

17 **「目標を達成する金利」で投資先を選ぶ。** …… 142
四つの分散から始めよう／コアとサテライト／資産が倍になる72の法則

18 円高になったら、つまりアメリカと日本の金利差が小さくなったら、円を米ドルに替える。 …… 151

方法① 外貨預金の口座を開設する／外貨預金のデメリットを知っておこう／方法② 証券会社の口座でドル資産を持つ

19 アメリカの金利が上がったら、米ドル建ての債券を買う。 …… 161

利率5％超えのものも出ている／債券を買うとは、国や企業にお金を貸すこと

20 ドル建てを買うなら、アメリカ国債や日本企業の「既発債券」が狙い目。 …… 166

債券には「中古品」もある／プロが使う税金面のコツ／日本企業のドル建て社債もある／円建ての債券は？

21 金利が下がったら、持っている債券を売る。 …… 181

金利が下がった場合、債券はどうなる？

22 金利が下がったら、株式を買う。 …… 186

株式と債券は反対の動きをする／金利が下がったときに買うべき投資信託／円高のときにアメリカの株を買い、円安になったら売る

23 不動産に投資するなら、現物より金利の影響を受けにくい不動産投資信託（REIT）。 …… 193

現物の不動産を買うデメリット／不動産投資信託REIT（リート）とは／不動産と金利の関係

24 市場金利に動きがあったら、リバランスを考える。 …… 201

ポートフォリオを見直すタイミング／為替の変動によって資産を移動させ、新規資金を入れる

付録 資産形成のモデルケース

ケース① 投資初心者で貯金30万円の25歳 …… 209

月々貯められる額を計算する／投資はコアとサテライトを分ける／コア部分はiDeCoで確実に／サテライト部分はリスクを取って積極的に投資する／STEP1 NISAでJ-REITを購入する／STEP2 一般投資で国内債券を購入する／STEP3 一般投資で外国債券を購入する／米ドル資産構築でインバウンド生活をする

ケース② 結婚したばかりで、将来は子どもと家が欲しい夫婦 …… 227

教育資金を念頭に置いた資産形成／コア部分で老後資金を貯める／貯蓄の部分から貯蓄型保険に加入

する／サテライト部分は一般NISA＋債券で

ケース③ マンション購入を検討中、貯金800万円の40代 …… 237

4人暮らしでの倹約生活／マンションを購入するときの注意点／マンションはいつが買いどきか

ケース④ 子どもが「中学受験をしたい」と言い出した4人家族 …… 242

中学校から私立に通うために必要な金額／ライフプランを考え直すべきか／高校無償化制度を活用する

ケース⑤ 生涯ひとりで楽しく暮らしたい40歳 …… 250

銀行を替えるだけで得をする／貯蓄をフルに活用して、資産を運用する／住宅ローンを固定金利に借り換える

おわりに …… 259

第1章

金利を知れば、お金の判断ができるようになる

01/24

Knowledge of interest rates can help you make better financial decisions.

お金の貸し借りをするとき、必ず金利が発生する。

金利とは？

「はじめに」でも簡単に触れましたが、金利とは、お金を借りたら、返すときに上乗せするお金のことです。上乗せの金額÷借りた金額×100（%）が金利となります。100万円を借りて、1年後に105万円を返す場合は、金利は5%でしたね。

逆に、お金を貸した場合は、余分に返ってくる金額を貸した金額で割って%にした数字が金利になります。100万円を貸して、1年後に103万円が返ってきたら、金利は3%ということです。

つまり、金利とはお金の「賃借料」のことであり、お金の貸し借りが行われたとき、必ず発生するものだと思ってください。

銀行預金にも金利がある

みなさんは、銀行にお金を預けているかと思います。大事なお金を預かってもらっているわけですが、別の見方をすると、銀行にお金を貸してあげているのと同じことです。

「えー、銀行に貸しているわけじゃないよ」と言いたくなる人もいるかと思いますが、銀行はみなさんから集めたお金で、企業や個人にお金を貸しています。みなさんの預金を大切に大切に金庫の中に保管しているわけではないのです。

銀行も民間企業ですから、お金を稼がないといけません。そうしないと、銀行員の給与を支払えませんし、店舗を持ったり、便利なところにＡＴＭを設置したりできないですよね。

銀行は、企業にお金を融資して得た利益で、人件費や運営費、設備投資費などを賄っているのです。他にも、個人に住宅ローンを貸したり、金融商品や保険商品を販売・仲介したりして、銀行は利益を得ています。

預金を通して銀行にお金を貸しているわけですが、お金を貸したからには必ず金利が発生します。最近は通帳を持たない人も増えているかもしれませんが、通帳に「利息」と記載されて、少なからずお金が増えているはずです。

この**「利息」こそが、金利です。金利には、慣例的にいくつかの言い方があるのですが、預金に対する金利を「利息」と言います。**

今は利息がとても低くて、超低金利時代とも言われています。みなさんがよく耳にする三菱ＵＦＪ銀行、三井住友銀行、みずほ銀行、りそな銀行といったメガバンクだと、普通預金の利息は0・001%しかありません。例えば、100万円を預けたとしても、1年間で入ってくる利息は、10円です。しかも、その内の20・315%は税金として引かれてしまいます。ですので、実際に入ってくる利息は8円になります。

当たり前のように書きましたが、**金利とは通常、1年間に対する金額で、年利という言い方もします。**

実際は、銀行預金に対しては半年ごと（通常は2月と8月）に利息が支払われるので、半年ごとに4円ずつ入ってくる、ということになります（100万円を預けている場合）。

昔は、お金持ちは「利息で食べられた」時代がありました。1970年代は、3%もの利息がついたところもありました。もし1億円を預けていたら、毎年300万円入ってくる計算になります。そこから税金を引かれますから、それだけでは1年間暮らすのは少し厳しいかもしれません。

でも、10億円あったらどうでしょうか。年間3000万円も入ってきたら？　かなり裕福な暮らしを送れるのではないでしょうか。

今の利息は0・001%ですから、たとえ10億円預けていたとしても、年間1万円しか入ってきません。すずめの涙程度でしかないですね。ですから、今は預金よりも投資に、多くの人の目が向いているのです。

投資については、また後ほど述べていきますので、ここでは銀行預金にも金利があるとだけ理解してください。

お金を借りるときに発生する金利

もう一つ、身近なもので言うと、住宅ローンがあります。家を買うとき、多くの人が銀行からお金を借りると思います。何千万円もする一戸建てやマンションを現金で支払える人はそれほど多くないですよね。

その他にも、車を買うときにマイカーローンを組んだ人もいるでしょうし、子どもの学費を借りる学資ローン（教育ローン）もあります。また、銀行や消費者金融が行っているカードローンといったものもあります。

ローンとは、言葉はやわらかいですが、借金と同じです。ですので、そこには金利が発生します。

また、クレジットカードで買い物をする場合、分割払いを選ぶことができます。

通常、2回までは手数料がかからないのですが、3回以上に分割する場合は手数料が発生します。分割払いも借金と同じことですので、手数料という名のもとで金利が発生し、総支払額が増えます。

さらにスマートフォンを購入する場合、24カ月で分割することが多いと思います。毎月、その月の利用金額にプラスして機種の分割払い代金を支払うケースです。実は、これも借金なのです（余談ですが、住宅ローンの申し込み時にスマホの分割払いも「借金」として申告する必要があり、ローン審査時に残高返済を求められることがあるので要注意です）。ですから、その分の金利が発生し、上乗せの金額を本来は支払わないといけません。ところが、大手携帯会社では手数料がかかりません。その理由は、手数料を肩代わりしてでも、自分たちのキャリアを利用してほしいからです。つまり、携帯会社が金利を代わりに払ってくれているわけですね。

このように、借金にはいろいろなものがあるわけですが、借金をした場合、必ず金利が発生し、その分の金額を余分に支払わないといけない、と決められています。それは親子間でのお金の貸し借りでも同じです。無利子で年間１１０万円を超えると、贈与とみなされて、贈与税を支払わないといけなくなる可能性もあります。

いずれにしても、お金の貸し借りには必ず金利が発生する、ということです。

02/24

金利は、日銀が決めている。

Knowledge of interest rates can help you make better financial decisions.

金利には、短期と長期がある

金利は、短期金利と長期金利の二つに大きく分けることができます。

短期金利とは、1年未満という取引期間が短い金融商品に適用される金利です。一方の長期金利は、1年以上の取引期間の金利で、2年金利、5年金利、10年金利、20年金利、30年金利、40年金利などがあります。

通常は、短期金利と長期金利を比べると、短期金利のほうが低くなります。同じ100万円を借りる場合、1年以内に返す場合（短期金利）と30年後に返す場合（長期金利）を比べるとわかりやすいでしょう。すぐ返すならば上乗せする金額は少なくて済みますが、長い期間借りるならばそれなりの金額を払わないといけません。今ではほとんど見かけなくなりましたが、DVDやCDのレンタルと同じです。新作や旧作といった条件がなければ、1週間借りるよりも当日や1泊で返すほうが安いですよね。

お金も長く借りれば借りるほど、金利は高くなるのです。

短期金利≒政策金利

金利とは本来、市場（金融機関）が決めるものです。金融機関が各々自由に決めてもいいのですが、実際はあまり差がないのが実情です。

例えばメガバンクと呼ばれている大手銀行の普通預金の金利は、だいたいが0・001%です。まるで示し合わせたかのように同じ金利を採用しています。中には、電子決済サービスへの加入や証券会社の口座と連動させるなどの条件付きで0・1～0・2%といった高い金利を採用しているところもありますが、一般的な普通預金の金利に大差はありません。

なぜ差がないかと言うと、金融機関は多額のお金を日銀と取引しているからです。日銀に預金をしたり、引き出したりしているのですが、日銀とのやり取りが多いということは、それだけ日銀が決めた金利に影響を受ける、ということです。

銀行などの金融機関も商売ですから、利益が優先されます。例えば、銀行が一般の方から預かったお金を日銀に預けて、その預金者に払う利息（図1の金利B）を日銀が決めた金利（同・金利A）よりも高くしてしまうと、銀行は余分にお金を支払わないといけなくなってしまいます。逆に、銀行が他の金融機関から借りたお金を企業や

図1

お金の流れと金利の決まり方　※預金の場合

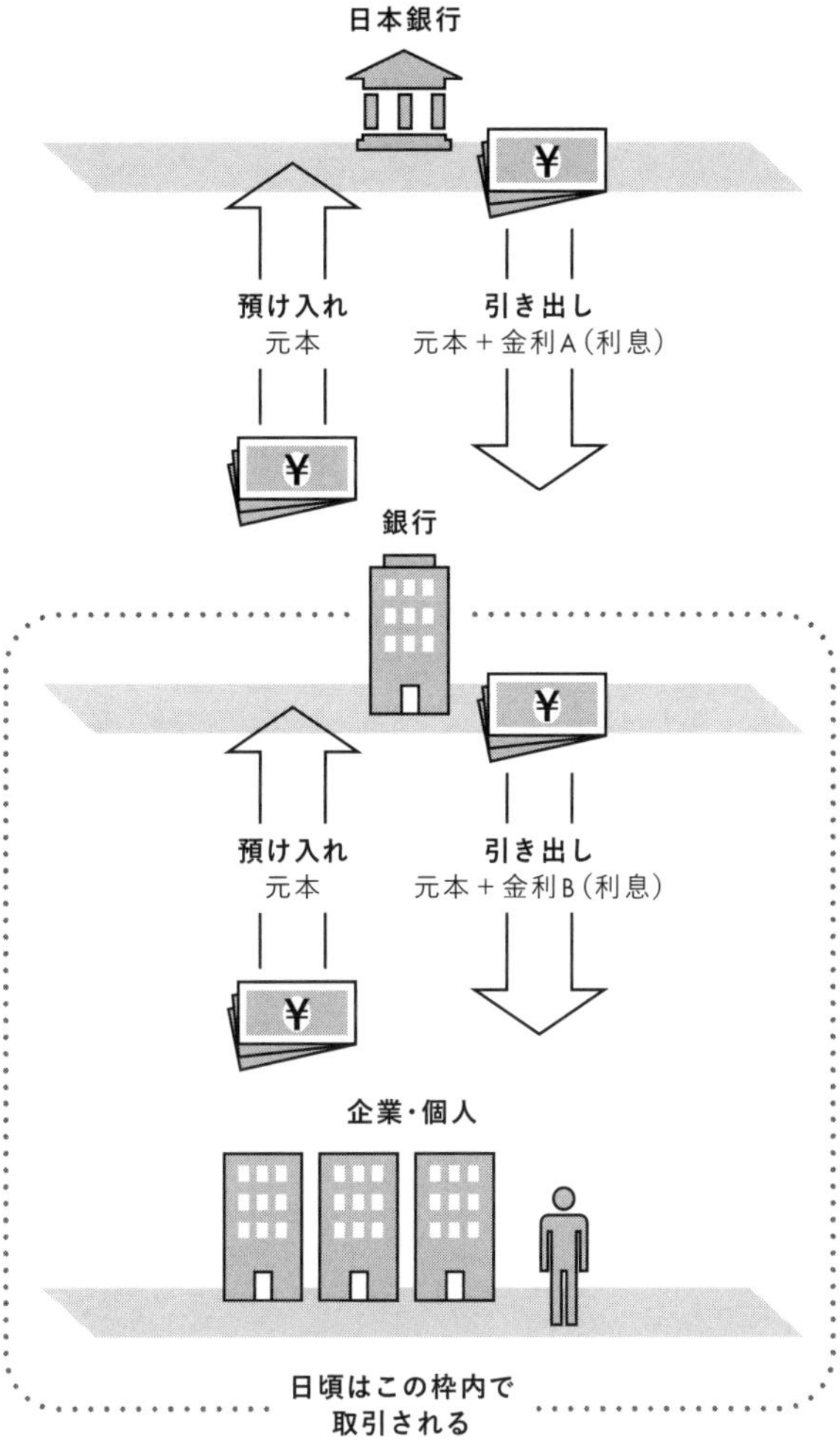

個人に貸す場合、借りたときの金利よりも低い金利で貸したら赤字になります。
つまり、**日銀は自分たちの金利を操作することで、市場の金利を誘導しているのです。**

金融機関の預金金利、つまり企業や個人に貸し付けるときに影響を及ぼす短期の金利を「**政策金利**」と言います。日銀の金融政策によって決められた金利だからです。

政策金利を高くすると、銀行などの金融機関が他の金融機関からお金を借りたときに支払う金額が高くなるので、民間企業や個人に貸し出すときに得る金額も高くする必要があります。そのため、市場の金利も高くなります。同様に、政策金利を低くすると、市場の金利も低くなり、民間企業や個人は低い金利でお金を借りることができます。

政策金利は短期ですので、金融市場で影響を受けるのは短期金利になります。

- ✔政策金利が高くなると、短期金利も高くなる。
- ✔政策金利が低くなると、短期金利も低くなる。

このように、政策金利と短期金利はほぼ同じ動きをするため、短期金利のことを政策金利と呼ぶことがあります。政策金利と言われたら、「短期金利のことなんだな」と覚えておいてください。

長期金利のモノサシは、10年物国債

次に、長期金利を見ていきましょう。

先に述べたように、長期金利は、取引期間が1年以上の金融商品に適用される金利です。２年金利から40年金利まで、いろいろあると言いましたが、**基準にしているモノサシは、10年物国債（10年で満期になる国債）の金利です。**

国債とは、国が発行している債券のことで、簡単に言うと、国の借金です。10年物国債というのは、国がお金を10年間貸してもらう代わりに、10年間で少しずつプラスしてお返しします、というものです。例えば、あなたが１００万円を国に10年間貸してあげると（10年物国債を１００万円分購入すると）、10年後に１００万円が返ってくる（これを「満期償還」と言います）だけでなく、毎年、金利分のお金がもらえます。

２０２３年5月末現在、10年物国債の金利は０・43％程度ですので、今国債を購

入すれば、10年後に100万円が戻ってきて、さらに10年間毎年、4300円もらえることになります（税金は考慮せず）。合計で4万3000円を得するわけです（実際の受取りは半年ごとに2150円×2×10年）。もちろん国が崩壊（デフォルト）しないという前提ではありますが、日本という国がなくなる可能性は低いですから、かなりリスクの低い投資と言えます。

リスクが低い分、リターンはさほど多くはありませんが、銀行預金の金利0・001％と比べると430倍ものリターンがあります。ただし、満期償還までの10年間はお金を使えないので、途中で解約できない定期預金の感覚に近いですね。途中で売却は可能ですが、一般国債はマーケット情勢により元本が毀損する可能性があります。一方、個人向け国債は（発行）購入後、原則として（購入者の死亡や災害救助法が適用される大規模な自然災害により被害を受けた場合などの特例を除き）1年を経過すれば、途中で売却しても、日本政府が買い取り保証をしており元本毀損はありません。

本来であれば、長期金利は市場が決めるものです。各金融機関は、いろいろな経済指標や指数を見て、独自に市場分析を行って10年の長期金利を決めます。他の金融機関に比べて、より多くのお金を融資したいと考えれば、金利を少しでも低く設定したいでしょう。だからといって、日銀が操作した10年物国債の金利よりも低くしすぎると、経営が悪化してしまいます。逆に少しでも金利を高くして、より多くのリターンを望むという経営判断もあります。人件費や間接費、店舗費などが高くなってくると、その分をどこかで補う必要が出てくるからです。

このように金融機関は、日銀が操作した10年物国債の金利を参考にして、自分たちの金利を決めています。参考と言いましたが、ほぼ日銀に誘導されている、と言っても過言ではありません。

変動金利と固定金利

住宅ローンには変動金利と固定金利があります。詳しくは第2章で述べたいと思いますが、変動金利は短期金利、固定金利は長期金利のことを言います。

- 変動金利は短期金利なので、政策金利に影響を受ける。
- 固定金利は長期金利なので、10年物国債の金利に影響を受ける。

固定金利の中の「当初固定金利10年」は、まさに日銀が操作した10年満期国債の金利と連動しています。35年の全期間金利が変わらない「フラット35」といった商品（住宅ローンでありながら証券化商品で、仕組みは少し複雑なため細かい説明はここでは割愛します）は、もう少し長い期間ですので、30年満期の国債や40年満期の国債の金利に影響を受けます。

同じ時期で見た場合、一般的には短期金利のほうが長期金利よりも低いので、住宅ローンを借りた時点では、必ず変動金利のほうが低くなります。

しかし、例えば5年後の将来、全体的に金利が上昇して、5年前の固定金利（長期金利）よりも変動金利（短期金利）のほうが高くなる可能性もあります。

自宅を購入する場合、よく変動金利がいいのか固定金利がいいのかが議論されますが、それは金利が今後どのような動きをするかによります。金利が上がって行く場合は固定金利のほうが得になりますし、下がる局面もしくは金利がずっと低いままであれば変動金利のほうがいいでしょう。

金利を理解できるようになると、住宅ローンの選び方（もしくは借り換え方）がわかるということでもあるのです。

03/24

金利を上げ下げするのは、経済を安定させるため。

Knowledge of interest rates can help you make better financial decisions.

政策金利の役割

日銀は、世の中の状況を見て、金融政策の一環として政策金利を決めているわけですが、その目的は金融市場を安定させることです。

例えば、世の中の景気がものすごく良くて、かつてのバブル期のように過熱してくると、日銀は金融を引き締めるような政策を取ります。具体的には、金利を引き上げて、投資するためのお金を借りにくくします。バブル期は土地の価格が高騰しましたが、極端な例で言えば、1億円で購入した土地が、数年後には2億円で売れる、といった異常な状況にありました。もし数年で2倍にもなるのであれば、借金をしてでも土地を購入したいですよね。簡単にお金が借りられたら、どんどん土地は買われていきます。さらに需要が多くなれば、ますます土地の値段が上がっていきます。

そういう異常な状況に陥らないように、日銀は金利という道具を使って市場のお金の量を調節しているわけです。

逆に、景気が悪い場合、日銀は金利を引き下げて世の中にお金をたくさん供給しようとします。企業が新しい投資をするためのお金、そして個人が消費するためのお金を市場にばらまくわけです。

- ✔景気が良くなると、金利を上げて世の中を落ち着かせる。
- ✔景気が悪くなると、金利を下げて世の中を活性化させる。

このように日銀は、金利を上げたり下げたりすることで、金融市場を安定化させているわけですが、もう少し具体的に言うと、「**物価の安定化**」を目的にしています。急に物価が高騰したり、下落したりすると、消費者も混乱しますし、倒産してしまう企業も出てきます。

もし1カ月後に、物価が10倍になったら、どうでしょう？　1000円で食べられていたランチが1万円出さないと食べられないとしたら？

逆に、もし1カ月後に、物価が10分の1になったら？　いろいろなものが安く買えるので嬉しいという人もいるかもしれませんが、それほど単純な話ではありません。そういう状況になったのは、買う人がいなくなったから、安くしないと売れないからですよね。つまり、世の中は不景気になって仕事をしていない人が増え（失業率が増加）、しかも給与も下がった、という状況です。世の中が停滞して（いや、後退して）いると、現在の生活が不安になりますし、将来の不安も大きくなるでしょう。

企業の業績も悪く、国の競争力も低くなり、日本という国が衰退していくかもしれません。これは極端な例ではありますが、物価を安定させることは、日銀にとって大きな役割であり、使命でもあるのです。

日本では長期金利も政策金利になっている

通常、政策金利の対象になるのは短期金利です。ですから、短期金利のことを政策金利と言うことがあります。ところが日本では、長期金利も政策金利の対象になっています。

２０１６年１月にマイナス金利政策が導入されました。これは、短期金利を−《マイナス》０・１％にしたものですが、この政策だけでは成果が出なかったため、２０１６年９月から長期金利（10年物国債の金利）をも誘導する長期金利操作付き量的・質的金融緩和政策（ＹＣＣ：イールドカーブコントロール）を取るようになったのです。

導入当時は、10年物国債の金利が0％となるよう、変動する範囲が－0・10～＋0・10％の間になるように目標を設定しました。その後2回、この金利変動幅が引き上げられ、２０２２年12月には－0・50～＋0・50％になりました。

みなさんご存じのとおり、２０２２年から２０２３年は値上げラッシュで、ガソリンも日用品も軒並み値上がりしました。物価がどんどん上がっていますので、世の中を落ち着かせるために金利を上げることにしたわけです。

短期金利は「今」、長期金利は「未来」を見ている

現在の金利を見てみましょう（２０２３年5月末時点）。

- ✓短期金利（政策金利）＝－0・1％
- ✓長期金利＝0・43％

これは何を意味していると思いますか？　この数字からどのようなことが読み解けるでしょうか？

短期的には、まだまだ経済は停滞していて、活性化しないといけない。でも、長期的には、もう少し景気が回復してくるに違いない。0・43％という金利は、まだ低いけれども、マイナスである短期金利（政策金利）に比べたら高いと言えるので、少しは回復しているかな、ということがわかります。

つまり、短期金利は今の景気を反映し、長期金利は未来の景気を反映しているのです。5年後の景気を知りたければ5年物国債の金利を見ればいいですし、20年後の景気を知りたければ20年物国債の金利を見ればいい、ということです。

ただし、あくまでも推測でしかないことを理解しておいてください。経済学者などの多くの専門家と市場（金融機関）参加者による推測の集合知です。一般の人が経済の予測をするのは非常に難しいので、プロの専門家たちの意見を参考にするのがいいでしょう。

このプロの意見を手っ取り早く知れるのが、金利なのです。第3章で資産形成について述べていきますが、**金利を見ているだけでも、何に投資したらいいか、どこに資産を移動させたらいいかがわかるようになります。**

ただ、リーマン・ショックや新型コロナウイルスの世界的な流行、ロシアのウクライナ侵攻といった、突発的ではありますが世界経済に大きな影響を及ぼす出来事は考慮されていない点は要注意です。

04/24

景気の良し悪しは、物価によって決まる。

Knowledge of interest rates can help you make better financial decisions.

景気のモノサシ「消費者物価指数」

日銀は世の中の景気を見て金利を上げたり下げたりするわけですが、いったい何を見て景気の良し悪しの判断をしているのでしょうか。

景気のモノサシとなるのは、消費者物価指数（CPI）と呼ばれているものです。簡単に言えば、物価ですね。物価が安くなることをデフレーション（デフレ）、物価が高くなることをインフレーション（インフレ）と言います。景気と物価の関係を覚えてください。

- ✔景気が悪い　↓　物価が安くなる（デフレ）
- ✔景気が良い　↓　物価が高くなる（インフレ）

景気が悪くなると、多くの人がモノを買うのを控えるようになります。需要が減ると、モノの値段は安くなります。生産する商品の量が同じであれば、買う人が少ないなら、商品を安くしてでも売ろうとするからです。

これが需要と供給の関係です。

逆に景気が良くなると、多くの人が消費に走りますので、商品の量が同じであれば、少し商品を値上げしても売ることができます。需要が増えれば、値段が上がるのです。

旅行で考えてみるとわかりやすいかと思います。ゴールデンウィークやお盆、年末年始といった時期は、みな旅行に行きたいと思うので、需要が増えます。でも飛行機の席もホテルの部屋も限りがあります。そのときだけ急に増やすことができないので、供給量は同じですね。そのため、旅行代金は高くなります。

一方、特に何もないような平日であれば、旅行に行く人が少ないので、飛行機の席もホテルの部屋も余ってきます。そのため、旅行代金は比較的リーズナブルになります。最近は外国人の旅行者が多くなり、ホテルの空室率も低くなっていますが、それでも休日に比べると安いでしょう。

景気が良くなると、旅行に行く人も増えますし、外食をする人も増えます。生活必需品以外のものを購入しようとする人も増えるので、要するに、「景気が良くなる→需要が増える→物価が高くなる」という図式が成り立つのです。

景気が良いとはどういう状況？

どのくらい物価が高くなると、景気が良いと判断されるのでしょうか。

日銀は、「前年比上昇率2％の消費者物価指数を目標にする」と明言しています。

要するに、次のように、景気を判断しているのです。

- ✔消費者物価指数が2％以上　＝　景気が良い
- ✔消費者物価指数が2％未満　＝　景気が悪い

なぜ2％かと言うと、2％くらいで緩やかにインフレになっていくのが、世の中が成長していくのにちょうどいい、ということが過去のデータから判明しているからです。日本だけでなく、世界の主要な国々も2％を目標にしています。

この消費者物価指数は、総務省統計局が毎月発表しています。日銀は、主にこの消費者物価指数を見て、政策金利を決めています。

政策金利を決める会議を「金融政策決定会合」と言います。会議に参加するのは、日銀の政策委員会委員の9名（総裁が1名、副総裁が2名、審議委員6名）で、年に8回開催されています。

金融政策決定会合では、前回から今回までの消費者物価指数などを見て、金利をどうするか話し合います。金利を上げたほうがいいのか、そのままでいいのか、下げたほうがいいのか、世の中の状況を見て決めるのです。必ずニュースになるので、ぜひチェックしてみてください。

05/24

マイナス金利は、異常な状態である。

Knowledge of interest rates can help you make better financial decisions.

政策金利は2016年から変わっていない

2023年5月末現在、政策金利は－0・1％ですが、実は2016年1月からずっと変わっていません。もう7年以上も－0・1％のままです。

マイナス金利が導入されたときは、異次元の金融緩和政策と騒がれましたが、今ではそれが当たり前の状況に陥っています。マイナス金利とは、金融機関が日銀にお金を預けると、逆にお金を支払わないといけない、というものです。

日銀は「銀行の銀行」と呼ばれており、金融機関は日銀に口座（当座預金）を持っています。金融機関同士でのお金のやり取りだったり、国や日銀との決算手段だったり、個人や企業に支払う現金を保管しておくためなどの理由で、金融機関は日銀にお金を預けています（33ページの図1参照）。

マイナス金利政策とは、「金融機関が日銀に預金をすればするほど損をするので、多くを預けずに企業や個人に融資してください」という日銀からのメッセージなのです。

不景気になれば、金利は下がる――。その究極の姿がマイナス金利です。それほど日本は不景気だったのです。要するに、目標とする物価の上昇率が2％にほど遠かったということです。

　２０１２年12月から始まった第二次安倍政権で、「アベノミクス」という経済政策が発表されました。①大胆な金融政策、②機動的な財政政策、③民間投資を喚起する成長戦略を「３本の矢」として、日本経済を立て直そうと決めました。
　①の「大胆な金融政策」こそが、長く日本経済に停滞感を生み出してきたデフレから脱却して、２％の物価上昇を達成するための政策です。そのためには、無期限の量的緩和を行いました。
　ところが、２０１６年になっても思うように物価が上がってこなかったため、ついにマイナス金利政策に踏み切ったわけです。

　これだけではありませんが、アベノミクスはうまくいったと私は思っています。実際、日経平均株価は、２０１２年初めの８５００円程度から菅政権に代わる２０２０年９月には２万３５００円程度、その後アベノミクスをほぼ継承したスガノミクスがスタートした１カ月後には２万７０００円程度までと、３倍以上にも成長しました。そこは大いに評価していいと思います。

物価の高騰で、いずれ金利は上がる

ただし、今は物価が高騰しています。2023年2月24日に発表された、1月の消費者物価指数（生鮮食品を除く総合）は前年同月比4・2％の上昇で、第二次石油危機の影響で物価が上がった1981年9月以来、41年4カ月ぶりの高い上昇率でした（ちなみに、5月19日に発表された4月の指数は＋3・4％）。

「物価上昇の原因は、景気が良くなったからではなく、ロシアがウクライナに侵攻したからじゃないの？」と疑問に思う人もいるかもしれません。たしかに原油や天然ガスといったエネルギー関連の価格が上がり、また円安の影響もあって、特に輸入品の物価が高騰しました。日本の食料自給率は、カロリーベースで38％ですから、特に輸入に頼っている原材料や飼料が高くなれば、食料品も高くなります。

しかしながら、ロシアがウクライナに侵攻した2022年2月以前から、消費者物価指数は高くなってきていました。2％という目標にはまだ達していませんでしたが、新型コロナウイルスの影響で後退した景気は、確実に回復してきていたのです。景気が回復してきたところに、ロシアのウクライナ侵攻の影響が加わり、一気に物価が上がりました。

そのような状況でも、いまだに政策金利がマイナスなのは異常です。

その証拠に、「はじめに」でも述べたようにアメリカ、イギリス、カナダやオーストラリア、そしてヨーロッパ各国も続々と政策金利を引き上げています。日本と同じようにマイナス金利政策を行っていたスイスも、プラスに転じています。マイナス金利政策を継続しているのは、日本だけなのです。

少し熱弁してしまいましたが、**日本もいずれ政策金利を現在の異常な状態から正常に戻し、その後、上げることになる**、ということです。２０２３年4月9日に、日銀総裁が交代になりました。10年間の任期を終えた黒《くろ》田《だ》東彦《はるひこ》氏に代わって、植《うえ》田《だ》和《かず》男《お》氏が新総裁に就任しました。植田総裁が、どのような金融政策を実施していくかに注目していきたいと思いますが、どこかの時期でマイナス金利を反転させることになるのではないか、と私は見ています。

06

/24

Knowledge of interest rates can help you make better financial decisions.

短期金利が長期金利より高いのは、景気が後退する予兆。

「イールドカーブ」を見てみよう

短期金利は長期金利よりも低いのが一般的だと先述しました。借りる期間が長くなると、余分に支払うお金が多くなるのは当たり前ですね。金利とは、ある意味でお礼のようなものですから、長く借りれば借りるだけ、感謝の気持ちとお礼も大きくなるのが普通です。

短期から長期へ向かって、それぞれの金利（利回り）を結んだ曲線を「イールドカーブ」と言い、長期金利が短期金利よりも高くなる右肩上がりの形状が通常の状態で、「順イールド」と言います。

ところが、短期金利が長期金利よりも高くなることがあります。この現象を、「逆イールド」と言います。次ページの図2を見てください。先述したように通常は、借りる期間が長くなるにつれて金利が高くなるので、右肩上がりのカーブを描きます。ところが逆イールドでは、右肩下がりのカーブになっています。

なぜ、このような現象が起こるのか。インフレ率が高くなりすぎると、先にも述べたように中央銀行は政策金利を引き上げます。それでも高インフレ状態が続くと政策金利を継続的に引き上げます。その結果、短期金利は高いままなので、企業や

図2

順イールドと逆イールド

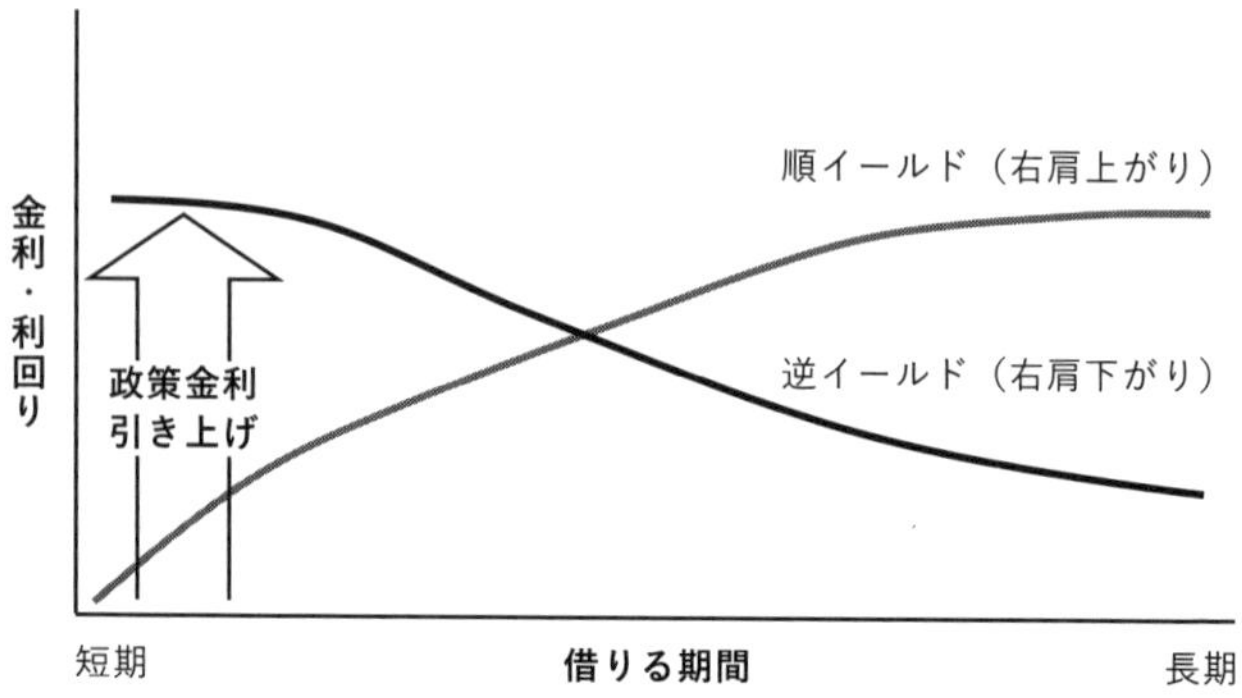

個人はお金を借りにくくなり、やがては経済活動が鈍化していきます。専門家や金融機関などの市場参加者は中央銀行が意図するタイミングよりも先に景気減速を予想し、長期金利が下がります。つまり市場関係者の多くが将来の景気に不安を感じている状況です。「このままでは景気は後退するだろう」と考えているため、未来の景気である長期金利が下がるのです。

✔ 逆イールド状態になると、景気は悪くなる。

他のパターンも見てみましょう。

図3

順イールド①景気が良いときの形

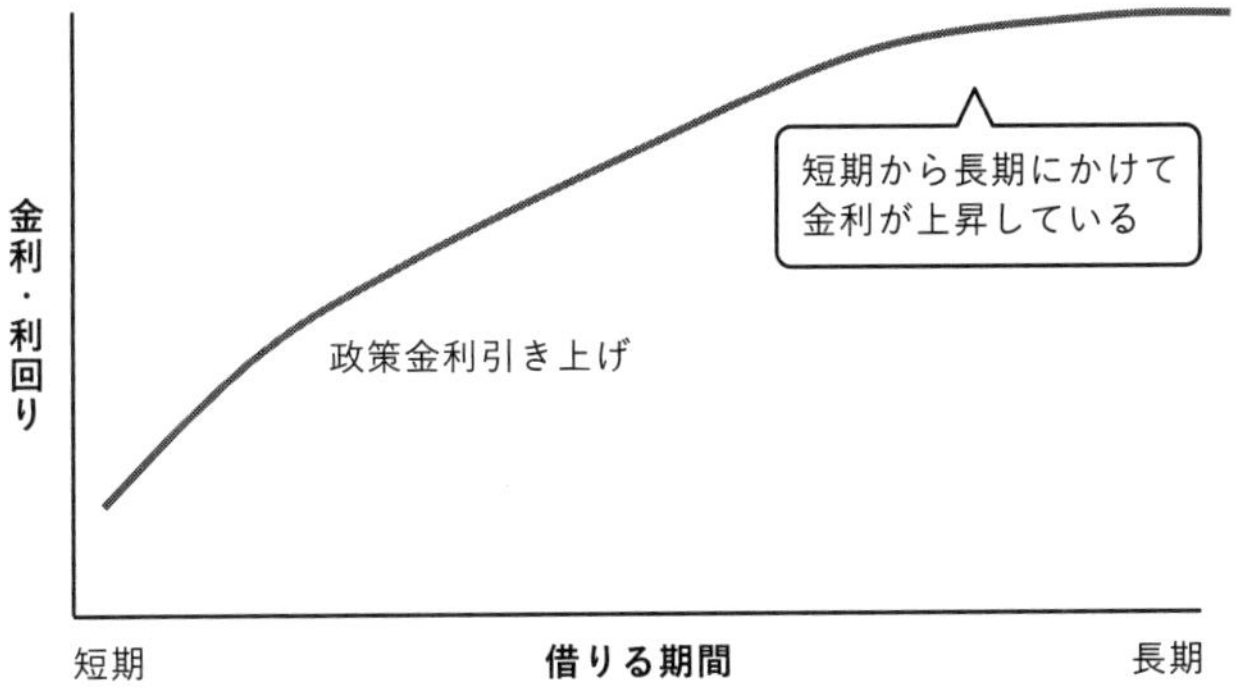

順イールドには大きく分けて2パターンあります。

①景気が拡大基調にあり、短期から長期まで金利が上昇している（右肩上がり、図3）。

②景気が減速もしくは後退すると予想され、短期も長期も低金利（平らになっている、次ページの図4）。

つまり、景気後退の兆候を知るためには、イールドカーブの形状を見ればいいわけです。逆イールドの形状になっていないか、イールドカーブが平らになっていないかをチェックすればいい、ということですね。

図4は日本の現状のイールドカーブで、10年のところでカーブが落ち込んでいる異常な形状になっているのは、先に述べた日銀の誘導が理由です。この形状が維持され

図4

順イールド②日本の現状の形（2023年4月時点）

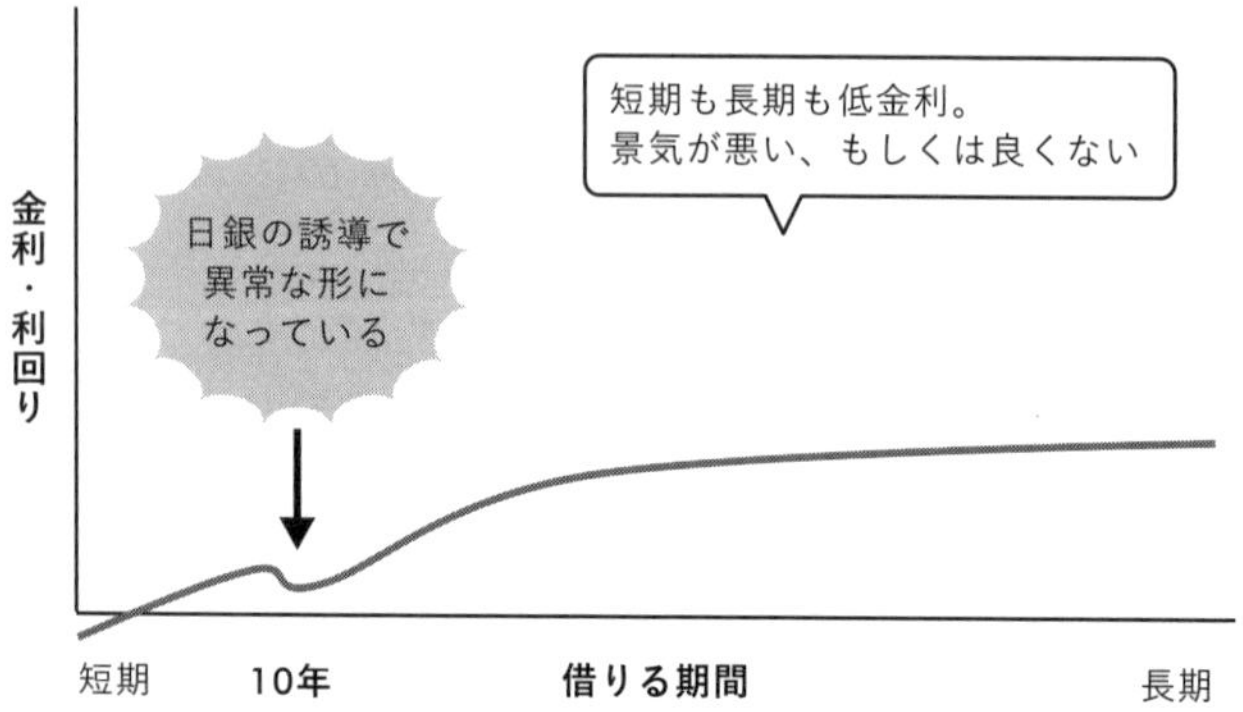

ている間は景気が良いとは言えませんので、日経平均株価が大きく上昇する可能性は低いと考えるべきです（長期のデフレで割安に放置されている株式銘柄の物色買いによる株価上昇はありえます）。ただし、実際の景気よりもマーケットが先行する場合があり、日経平均株価が安定的かつ継続的に上昇する暁には、10年金利の異常な落ち込み形状は解消されていることでしょう。

✔ **イールドカーブが平らで地面にはりつくような形状になると、景気は悪い、もしくは良くない。**（今の日本）

アメリカは景気が後退するサインが出ている

景気後退の兆候は、特に2年物国債と10年物国債の金利（利回り）を比較するとわかりやすいと思います。アメリカの金利で見ていきましょう。

２０２３年5月末現在、アメリカの2年物国債の金利は、だいたい4・41％、10年物国債の金利は3・64％です。同じ金額を10年間借りるよりも、2年間借りたほうが毎年のお礼金が高くなるという逆転現象が起きています（次ページの図5）。

今まさに、逆イールド状態にあるのです。

このような状況にあると、今後景気が後退する傾向にあります。過去のデータで確認していきます。

63ページの図6は、アメリカの2年物国債の金利と10年物国債の金利を比較しているものです。2年物国債の金利が10年物国債の金利よりも高くなった（逆イールドになった）後、必ずと言っていいほど、長期金利が大きく下がっています。１９７８年以降、アメリカでは逆イールドの発生が観測されると、平均約1年半後に景気後退に入っています。

長期金利が下がったということは、景気が後退することを意味しているのでした

図5

逆イールド　アメリカの現状の形（2023年5月時点）

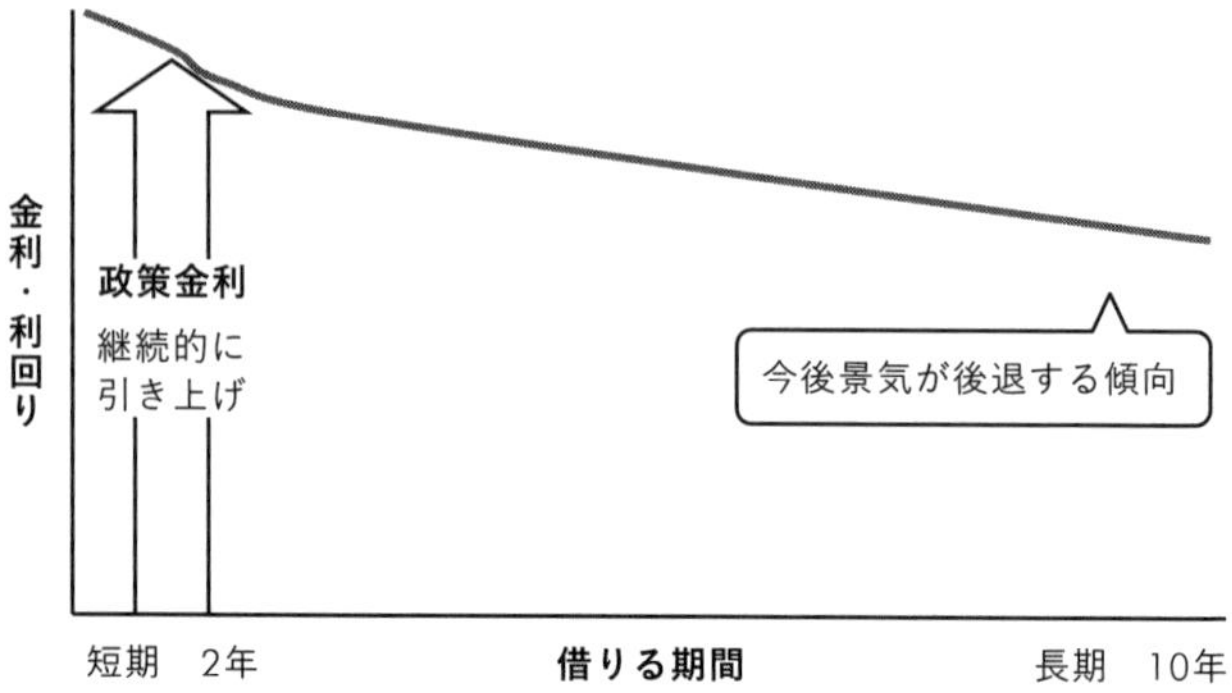

ね。

未来の経済状況を推測するのは、プロでも難しいもの。でも、2年物国債と10年物国債の金利を比較すれば、一般の方でも未来の景気を予測することは可能なのです。

図6

アメリカ国債に見る「10年物と2年物の金利差」と景気の関係

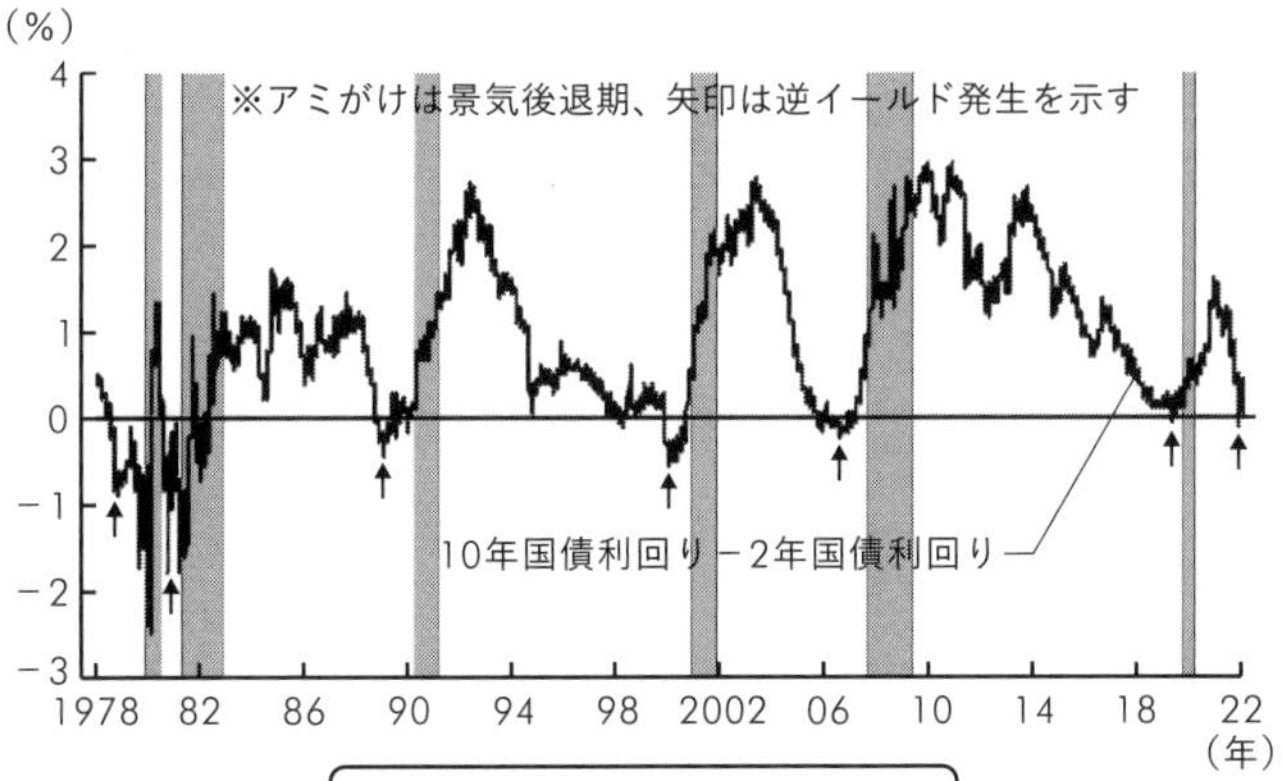

2年物金利が10年物より上がると、
その後景気は後退している

①逆イールド発生	②景気後退入り	①から②までの期間
1978年 8月	1980年 1月	502日
1980年 9月	1981年 7月	293日
1988年 12月	1990年 7月	564日
1998年 5月	2001年 3月	1010日
2005年 12月	2007年 12月	704日
2019年 8月	2020年 2月	159日
平均値		**約539日**

(注) データは1978年1月2日から2022年7月26日。
(出所) Bloombergのデータおよび全米経済研究所(NBER)の資料を基に
三井住友DSアセットマネジメント作成
出典：三井住友DSアセットマネジメント

07/24

Knowledge of interest rates can help you make better financial decisions.

金利が下がれば、株価は上がる。金利が上がれば、株価は下がる。

金利と株価は循環している

金利と景気の関係を見てきましたが、株価との関係にも触れておきたいと思います。景気が後退するということは、株価は下がるということですね。

金利が上がれば、景気が後退し、株価は下がります。逆も同じです。

- ✔金利が上がる　↓　景気が悪くなる　↓　株価が下がる
- ✔金利が下がる　↓　景気が良くなる　↓　株価が上がる

景気が過度に良くなって物価が大幅に上がると、今度は金利を上げて、景気を落ち着かせようとします。

- ✔株価が下がる　↓　金利が下がる
- ✔株価が上がる　↓　金利が上がる

要するに、次のようなことがずっと繰り返されているわけです。

金利が上がる　↓　景気が悪くなる　↓　株価が下がる　↓　金利が下がる
↓　景気が良くなる　↓　株価が上がる　↓　金利が上がる（最初に戻る）

中央銀行は、このようにして市場を安定化させて、経済を発展させてきたわけです。図7は、アメリカの株価の3つの指数である、NYダウ、S&P500、ナスダックの推移のグラフです。丸を付けた月は、アメリカの中央銀行にあたるFRB（連邦準備制度理事会）が政策金利を引き上げた月です。このグラフから、政策金利を上

図7

アメリカの株式3指数と金利（2022年）

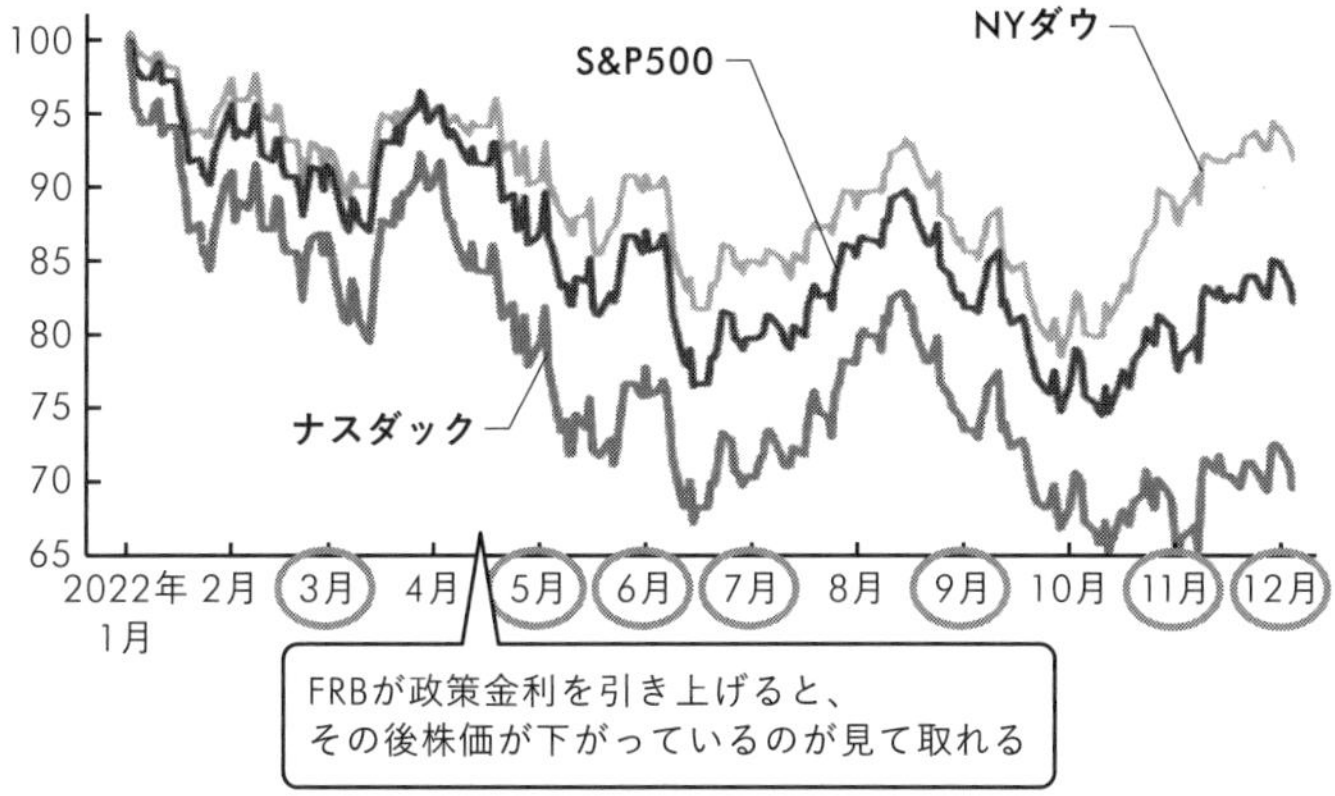

アメリカFRB金融引き締め（利上げ）

月	利上げ幅	政策金利（FFレート）
2022年2月	—	0.00～0.25%
3月	0.25%	0.25～0.50%
5月	0.50%	0.75～1.00%
6月	0.75%	1.50～1.75%
7月	0.75%	2.25～2.50%
9月	0.75%	3.00～3.25%
11月	0.75%	3.75～4.00%
12月	0.50%	4.25～4.50%
2023年1月	0.25%	4.50～4.75%
3月	0.25%	4.75～5.00%
5月	0.25%	5.00～5.25%

げると、その後、株価が下がっているのが見て取れると思います。

日本の物価が上がらなかった理由

日本の場合はどうなっているでしょうか。

日本の政策金利は２０１３年４月に０・０％になり、２０１６年からはずっと変わらず−０・１％のままですから、株価は上昇しています（図８）。新型コロナウイルスの世界的なパンデミックやロシアによるウクライナ侵攻の影響で株価が下落した時期はありますが、基本的に右肩上がりで推移しています。

株価が上がってはいますが、従業員の給与が上がらなかったため、消費にお金が回らず物価がなかなか上がってきませんでした。そのため、金利を上げるタイミングが難しかったのもあると思います。

日本の物価が上がらなかった原因として、日本人の文化的な特徴もあるでしょう。アメリカ人には借金をしてでも消費を楽しむ気質があります。ですから、たとえ物価が上がったとしても、買い控えるようなことはあまりありません。

一方の日本は昔から質素倹約を美徳とする文化ですから、もし物価が上がったら、

図8

日経平均株価と金利

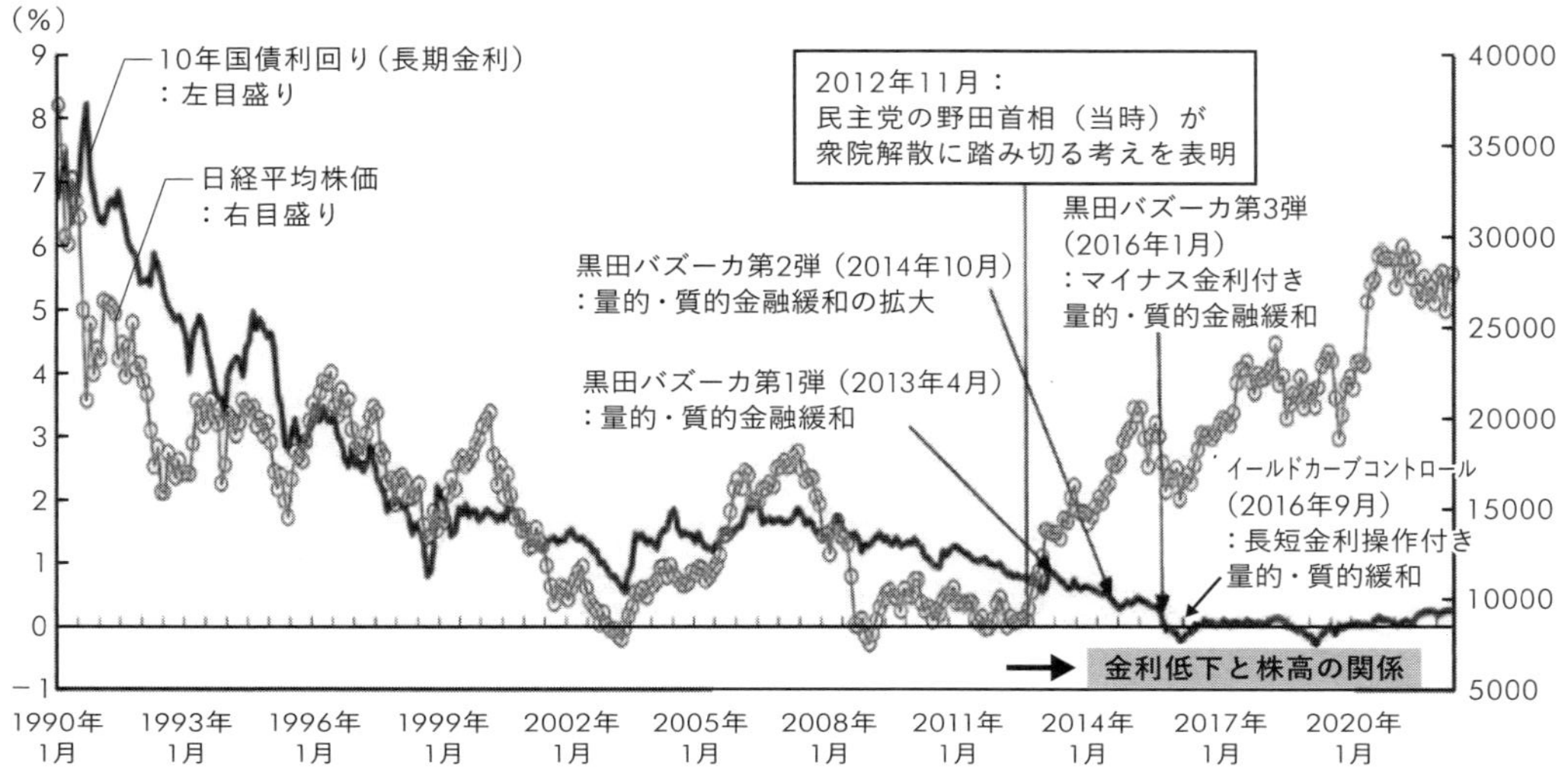

（注）データ期間は1990年1月～2022年11月。データサイクルは月次。
（出所）Broombergのデータを基に、ニッセイアセットマネジメント作成。

できる限り消費を控えて節約する人が多いのです。そのため企業は商品やサービスの値段を上げられず、経費削減や効率化などの企業努力で耐え忍んできました。そのような状態では給与を上げにくいのもわかります。

しかし最近になって、物価が上がってきています。1年間で何度も価格を上げた商品もあるくらいです。みなさんも生活していて、「物価が上がってきたなぁ」と実感していると思います。

ロシアによるウクライナ侵攻の影響もあって、今の世の中は、物価の上昇はやむなしという風潮です。戦争になればインフレになります。国同士の物流が滞りますし、軍事物資の需要が増えます。また破壊された建物を建て直すための資材も必要になってきます。需要が多くて供給が少ない状況ですから、必然と物価は高くなります。特需と呼ばれるほど物の需要が増えれば、それだけインフレになるのです。

✔ **戦争が起きると、インフレになる**（物価が上がる）。

とても乱暴な言い方ではありますが、インフレにしたければ、戦争をすればいいと言う人もいます。ハイパーインフレを引き起こす場合もありますし、決して戦争を良しとするべきではありません。しかし事実として、戦争にはそういう側面があるということを知っておいていただければと思います。

少し話は逸れましたが、企業にとって今は、物価を上げるチャンスです。ここで価格を上げなかったら、また苦しい企業努力の日々に戻ってしまいます。それよりも、もう努力ではどうしようもないところまできていると思います。

現実に少しずつ物価が上がってきました。そして、２０２３年の春には大企業を中心に多くの企業が給与のベースアップを実施しました。物価が上がって、給与が上がれば、次は金利を上げるタイミングです。

もう少し時間を要するかもしれませんが、ようやくマイナス金利政策が終わるのではないか、つまり政策金利を異常な状態から通常の状態に戻すべく、景気動向により金利が上がるのではないかと私は見ています。

08/24

為替は、アメリカの金利と日本の金利の差で決まる。

Knowledge of interest rates can help you make better financial decisions.

円安と円高のメリット、デメリット

次は為替について、見ていきたいと思います。

為替とは、現金の代わりに手形や小切手などで決済をする方法の総称のことを言います。みなさんにとって為替といえば、1ドル＝130円といった外国為替が一般的かもしれません。他の国の通貨と交換する際の交換比率のことを「外国為替相場」と言います。「円相場」という言葉のほうが、よく耳にするかもしれませんね。

世界の基軸通貨である米ドルに対して、円がいくらなのか、それによって「円高」「円安」といった言葉が使われています。まずは基本的なことを確認しておきましょう。

- ✔円高とは、ドルに対して円の価値が上がること。
- ✔円安とは、ドルに対して円の価値が下がること。

２０２３年５月末時点では、１ドル＝１３９円程度ですが、もし１ドル＝１５０円に進めば、円安になります。逆に、１ドル＝１２０円のほうに向かえば円高ですね。

２０２２年10月には、１ドル＝１５１・94円と、１９９０年以来、約32年ぶりの円安水準になりました。逆に、２０１１年10月末には、１ドル＝75・32円という最高値を記録しました。１ドル＝75円から比べると、１ドル＝１５０円は、円の価値がちょうど半分になった、ということです（図９）。

もし２０１１年10月の時点で、75万円をドルに替えていたとすると１万ドルになり、それを２０２２年10月に円に戻せば１５０万円になっていたということです。11年で倍になっていたことになります。

反対に、円で持っていたら、世界での価値は半分になったわけです。日本だけで暮らしていたらそれほど気にならないかもしれませんが、輸入品が高くなり、気軽に海外旅行に行けなくなったと実感している方も多いのではないでしょうか。

円安だと、輸出する場合に得をすると言われていますが、ロシアによるウクライナ侵攻の影響を受け、物資の運搬流通に支障をきたしたこともあり、例えば自動車の場合、部品や世界的に不足している半導体などは輸入に頼っているため、多くの

図9

外国為替レート推移（月末東京終値ベース）

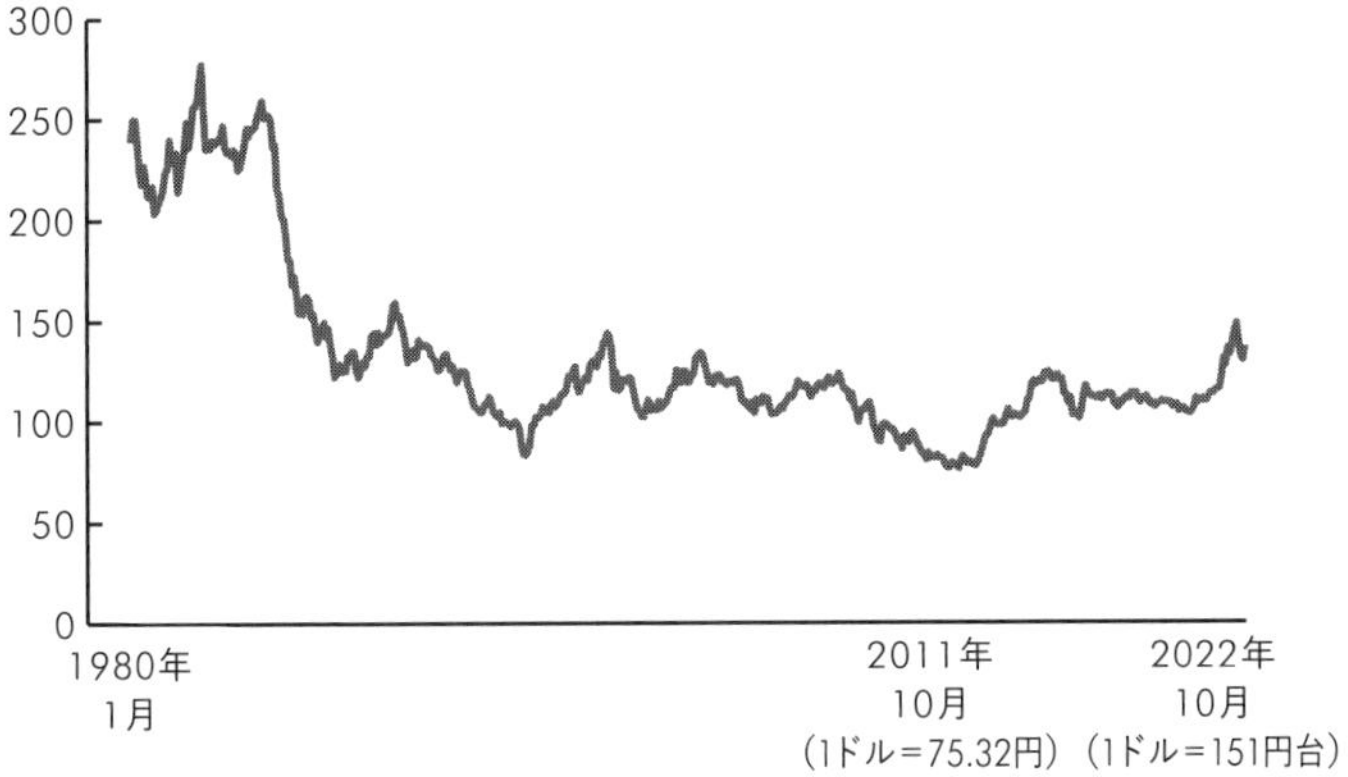

日銀統計局外国為替市場よりデータを引用して作成

メリットを享受できずに苦しんでいます。

円高になれば、海外旅行に行きやすくなりますし、石油や天然ガスなどのエネルギー資源や外国製品を安く購入することもできます。一方で、輸出品は高くなり、日本製の商品は海外で売れにくくなります。それだけではなく、人件費も海外のほうが安くなるので、日本国内で仕事が減り、失業率が高くなる可能性も出てきます。

円安と円高のどちらに進むにしても、メリットとデメリットがあるため、一概にどちらがいいと言うことはできません。海外旅行が好きな人は円高になってほしいでしょうし、輸出企業は円安になってほしいでしょう。立場によって享受できるメリットが異なるわけですが、全体的に見れば、どちらにしても急激な変化は経済に大打撃を与えます。

為替と金利の関係

2022年1月から2022年10月にかけて、円相場は急激な円安に動きました。

2022年1月3日の円相場　1ドル＝115円強
2022年10月21日の円相場　1ドル＝152円弱

連日のようにニュースで報道されていましたから、みなさんも円安がどんどん進んでいく不安を実感されたかもしれません。

ところで、なぜこのような劇的な変動が起きたのでしょうか。

それも「金利」を見れば理解できます。**為替は、主にアメリカの金利と日本の金利の差で動く**からです。

日本の政策金利は、２０１６年からずっと－０・１％だと何度も言ってきました。

一方でアメリカの政策金利は大きく変化しています。

次ページの図10は、２０１２年以降のアメリカと日本の政策金利を比較したものです。２００８年に起きたリーマン・ショックの影響もあり、アメリカをはじめ世界各国は、軒並み政策金利を下げていました。その後、景気も回復し、物価も上昇してきたため、アメリカは２０１５年末から徐々に金利を引き上げています。

２０１９年末に起きた新型コロナウイルスの影響で経済が停滞すると、今度は市場を活性化させるために金利を引き下げ始めました。景気が回復して、物価も上がってくると、２０２２年の初頭から金利を上げ始めました。

このように見ると、アメリカの中央銀行にあたるＦＲＢは、世の中の状況を見ながら、適切な対応を取っていることがわかります。

ただ、ロシアによるウクライナ侵攻の影響もあり、物価が急激に上昇してしまいました。そのため、その後は異例なほど一気に金利を引き上げたのです。通常では０・25％ずつ引き上げるところ、その３倍にあたる０・75％も引き上げました。それでも物価が上がり続けたため、０・75％の引き上げを４回も行いました。

２０２３年５月末現在、アメリカの政策金利（ＦＦレート）は５・00～５・25％にな

図10

日米の政策金利の比較

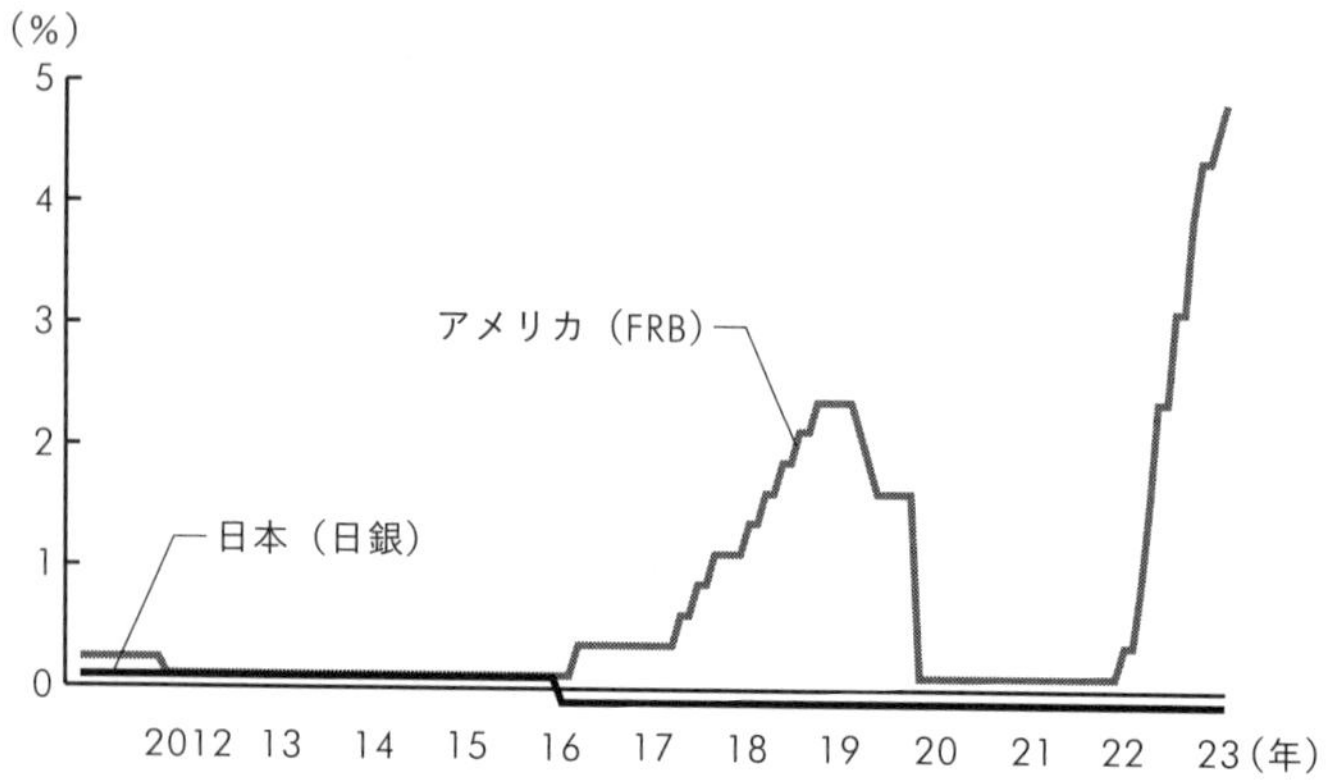

っています。ここ1～2カ月は、0・25％の引き上げに落ち着きましたが、それでも、政策金利は上がっています。「アメリカの金利が高く、日本の金利が低い」という状況になると、世界の投資家は「日本の円を売って、アメリカのドルを買う」という行動に走ります。つまり、円の価値が下がり、ドルの価値が上がるので、円安になるのです。

簡単にまとめると、円相場は次のように動くということです。

✔（アメリカの金利 − 日本の金利）が大きくなる → 円安になる
✔（アメリカの金利 − 日本の金利）が小さくなる → 円高になる

２０２２年は、アメリカが一気に金利を引き上げました。一方で、日本はずっとマイナス金利のままでした。金利差がどんどん広がっていったために、急激な円安になったわけです。

しかし、アメリカの金利上昇もストップする時期に来ています。あまりに金利が高くなると経済が不安定になりますし、実際に２０２３年3月にはシリコンバレーバンクとシグネチャーバンクという二つの銀行が破綻しました。すべての原因が金利の引き上げによるものではありませんが、大きな影響を受けたことは間違いありません。

そして日本でも、異常なマイナス金利政策から脱却する時期が来ています。ここ2年ほど物価が上がり続けている状況を考えると、金利が上昇するのは当たり前のことなのです。そうなれば、為替も円高に動く可能性が高いでしょう。２０１１年のような円高水準にはならないとしても、バランスの良いところまで上がるように思います。

金融政策の動きにアンテナを張ろう

ここまで為替と金利の関係について見てきましたが、要するに、円安に動くのか、円高に動くのかは、主にアメリカの金利と日本の金利の差で決まる、ということです。ですから、日本だけでなく、アメリカの金利も見ておく必要があります。一番簡単な方法は、ネットニュースで確認すること。政策金利は、日本では日銀の金融政策決定会合で決められ、アメリカではＦＲＢの連邦公開市場委員会（ＦＯＭＣ）で決められます。

前述したとおり、金融政策決定会合は年に8回行われ、アメリカの連邦公開市場委員会も年に8回開催されます。開催されると必ずニュースになるので、その報道を見逃さないようにしてほしいです。例えば、ヤフーニュースのトップニュースで流れてきますので、普段から見ていれば、見逃すことはないかと思います。もう少し普段から経済系のニュースを見たい人は、日本経済新聞のウェブサイトをこまめに見るといいでしょう。

また、現在の金利を知りたい人は、「ブルームバーグ」（世界規模の金融情報サービス企業）のウェブサイトを見るとトップページの右側に「主要株価指数」、下の方にスクロールすると「為替レート」「国債」が枠で囲まれています。金利詳細は「国債」の枠に「各国の国債一覧」があり、中ほどにある「利回り」がマーケットで取引された金利を指します。少しややこしい話になりますが、**利回り＝金利**と言うことがあります。利回りとは1年あたりに得られる利益または支払う利息の率を指します。

毎日のように経済・金融ニュースを見ていると、だんだんと詳しくなってきます。私のところにいらっしゃるお客様にも継続して少しでもニュースを見ることをすすめており、多くの方が「最初は難しいなぁと思っていたけれど、数カ月もすると流れが読めるようになってきた。世の中を理解できる喜びに変わってきた」とおっしゃいます。

09

/24

金利が円高／円安を決めていると、歴史が証明している。

Knowledge of interest rates can help you make better financial decisions.

リーマン・ショック後に起きた円高の理由

金利と為替の関係をもう少し詳しく見ていきたいと思います。

まずは、85ページの図11を見てください。この図は、アメリカと日本の10年物国債の金利の差（金利差）と円相場（ドル円レート）を比較したものです。縦軸の左側が金利差、右側がドル円レートの目盛りになっています。右の目盛りで、上に行くほど円安、下に行けば円高ですね。

今回は、２００６年から２０２２年までの相関関係を見ていきます。一見するだけでも、金利差とドル円レートは、非常に似た動きをしていることがわかると思います。金利が為替の変動に大きな影響を与えているのは、歴史が証明しているわけです。

２００８年9月15日に、投資銀行のリーマン・ブラザーズ・ホールディングスが経営破綻をしました。リーマン・ショック（サブプライム・ショック）と呼ばれているものですね。金融危機は、アメリカから世界に一気に広がり、後遺症も含めて２０１２年くらいまで続きました。

アメリカの中央銀行にあたるＦＲＢは、金融危機に対応するため、金融緩和策を

①2008年　リーマン・ショック（サブプライム・ショック）
アメリカFRB金融緩和開始（量的金融緩和）
2012年ごろまで世界金融危機、欧州債務危機（ギリシャ破綻など）
⇩
A アメリカとユーロ圏の信用力低下と金利差縮小で円高（A′ 世界金融危機及びユーロ債務危機、リスク回避の円買い）

②2013年　**日銀量的・質的金融緩和政策開始（黒田総裁体制開始）**
（1998年から政策金利0.25％を導入し金融緩和体制となり、2006年3月まではゼロ金利政策継続後、一旦オーバーナイト金利を引き上げたものの、2008年から再度引き下げ、その後ほぼ0％で政策金利は超低空飛行を継続させた）

2014年　インフレを確信し、**アメリカFRBは量的金融緩和政策終了**

③2015年　高インフレで**アメリカFRB金融引き締め開始**（2015年末に1回、2016年末に1回、2017～2019年3月に7回、合計9回の利上げ）
⇩
B アメリカの信用力・経済回復と金利差拡大で円安（B′ アメリカ景気回復傾向ながらも政策金利は不変、日本はマイナス金利突入で円売り先行の円安）

④2019年　アメリカの新型コロナパンデミック感染者・死者世界最悪
アメリカFRB金融緩和（2019年7月に0.25％、9月に0.25％、10月に0.25％、2020年3月に0.5％、同月さらに1.0％の利下げを実施し、政策金利は0.00～0.25％のゼロ金利政策へ）
⇩
C アメリカの信用力低下と金利差縮小で円高（C′ 日本経済は不変で為替感応度は小さめ）

⑤2022年　ロシアによるウクライナ侵攻　天然ガス、原油、小麦などの穀物高騰と新型コロナパンデミックの終息から景気V字回復で、世界でインフレが進み、世界中の中央銀行は利上げ
アメリカFRBは3月ゼロ金利解除をし金融政策転換、12月までで7回の大幅な利上げを実施、2023年も継続中
⇩
D アメリカ経済V字回復と金利差拡大で32年ぶりの円安（151.94円）

図11

日米の金利差とドル円レートの関係

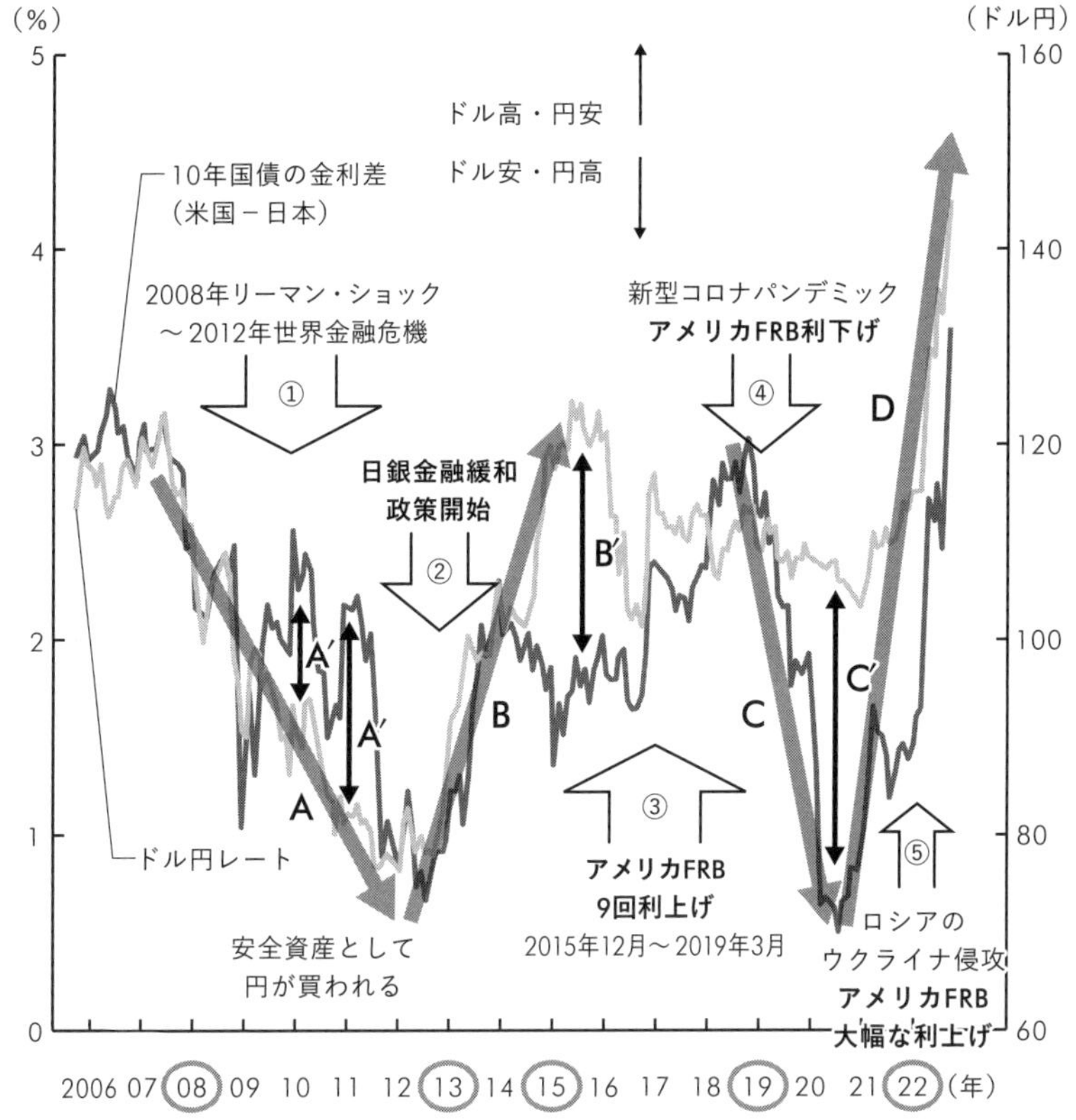

J.P. Morgan Asset Managementより引用して作成

実施しました。具体的には、政策金利を大幅に引き下げたわけです。しかし、日本の政策金利は当時の０・50％のまま。２００８年10月には０・30％、12月には０・10％まで下げましたが、アメリカはその間に、段階的にではありますが２・00％から０・25％まで大幅に引き下げました。そのため、アメリカの政策金利との差はどんどん小さくなりました。

　金利差が小さくなるにつれて、円高の方向に動くのでしたね。安定していた円が買われるようになり、円の価値が高くなったわけです。前述しましたが、２０１１年10月には1ドル＝75・32円という、史上最高値を記録しました。

　２０１３年３月20日に黒田東彦氏が日銀総裁に就任すると、４月に日銀は量的・質的金融緩和政策を開始しました。政策金利は０・00％、いわゆるゼロ金利という超低空飛行を維持し続けました。一方のアメリカは、２０１４年に量的金融緩和政策を終了させ、その後、高いインフレ率を抑えるために、金利を引き上げました。２０１５年末に１回、２０１６年末に１回、２０１７年から２０１９年３月までの間に7回、合計9回も政策金利を引き上げたのです。

　その間、日本では２０１６年１月末からマイナス金利政策を実施。アメリカと日本の金利差は拡大していき、それに呼応するように円安に向かっていきました。円を持っていてもメリットが少なくなったため、円を売ってドルを買う動きが加速していったのです。

32年ぶりの円安はなぜ起こったか？

２０１９年後半に入ると、アメリカの景気は２０１５年末から約３年半継続した政策金利引き上げの影響で大きく落ち込んできました。そこでＦＲＢは金融政策を反転させ、７月、９月そして10月に０・25％ずつ政策金利を引き下げました。ところが、そこに追い打ちをかけるように新型コロナウイルスによる世界的なパンデミックが発生し、世界の経済は一気に冷え込みました。一時はロックダウンした都市もあり、経済活動をストップせざるを得ない状況になりました。

そこで、ＦＲＢは冷え込んだ経済を活発にするために、さらなる金融緩和政策を実施。２０１９年７月から継続して引き下げた政策金利を、２０２０年３月、一気に１・５％引き下げ、最終的に０・00〜０・25％のゼロ金利政策に突入しました。アメリカで累計記録がある２０２０年５月には４０００万人以上もの人が失業したとも言われています。

日本の政策金利は、マイナス金利（−0・1%）を継続していましたから、金利差は一気に縮まったことになります。傾向としては円高に動きましたが、為替の動きはそれほど大きくありませんでした。日本の経済自体も冷え込んでいたためです。それでも、金利差が縮まると、円高になったのは事実です。

２０２２年２月、ロシアがウクライナに侵攻し、天然ガス、石油、小麦などの穀物が高騰。新型コロナウイルスによるパンデミックから景気がV字回復してきたことと相まって、一気に物価が高騰しました。アメリカをはじめ、世界中の中央銀行が金利の引き上げ（利上げ）を実施。FRBは、２０２２年12月までに7回も大幅な利上げを行いました。通常は0・25%ずつ上げるところ、異例の0・75%の利上げを4回も行ったことは、前にも触れたとおりです。

アメリカの政策金利が一気に引き上げられた一方で、日本の政策金利はいまだにマイナス金利のままです。金利差は加速度的に広がり、瞬く間に円安に振れていきました。 ２０２２年10月21日には32年ぶりに1ドル＝１５０円を突破し、１５２円をつける寸前で日銀が財務大臣の代理人として大量に円を買う介入を行ったのは、記憶に新しいところだと思います。

ここまで見てきたとおり、為替（円相場）は、アメリカの金利と日本の金利の差にきれいに連動していることがわかります。

ところが、日本の政策金利はほとんど変わっていません。一方で、アメリカの政策金利はその都度、世の中の景気を鑑みて、臨機応変に変化しています。**日本の金利がほとんど変わらない状況においては、為替はほぼアメリカの金利に左右される**と言い切ることもできます。

今後、日本の金利がマイナスから脱却し、少しずつ引き上げられていくことを期待しますが、それでもアメリカのような急激な変化はないような気がします。結局のところ、日本は良い意味でも悪い意味でも、アメリカの影響を強く受けているわけです。

ですから、金利を見るとき、日本の金利だけではなく、いやむしろアメリカの金利に敏感になってほしいと思います。

第2章

金利が上がると、生活はどうなる？

10/24

What will happen to our lives
if interest rates go up?

金利が下がると、物価は上がる（はず）。

日本はずっとデフレで苦しんできた

第2章では、金利を見ながら、私たちの生活について見ていきたいと思います。

最初に触れたいのが、物価です。第1章でも見てきたとおり、物価は景気の良し悪しの判断材料になります。その一方で、物価は私たちの生活に直に影響を及ぼします。毎月の食費が1万円上がれば、その分貯金にまわせるお金が減ります。おこづかいも減るかもしれません。

２０２２年から２０２３年にかけて、あらゆるモノの価格が上がりました。世界的な半導体不足もあり、自動車やスマートフォン、家電といった工業製品も高くなりました。また、燃料価格の高騰により、電気代、ガス代も値上げされました。例年より光熱費が高くなったことに驚いた方も多いかもしれません。

先にも述べましたが、**物価が上昇するのは悪いことではありません。政府も日銀も、2%のインフレ率を目標にしています。経済が成長していくためには、インフレ率2%が最も望ましいと言われているからです。**

日本は長い間、デフレで苦しんできました。１９９０年代初頭にバブルが崩壊した後、日本はずっとデフレだったのです。みなさんの中には、生まれてからずっとデフレで、景気が良かった時代を体感したことがない方もいるのではないでしょうか。

よくデフレの例で登場するのは、牛丼の価格です。１９９０年は牛丼並盛４００円くらいでしたが、その後少しずつ価格が下がり、２００１年には２８０円になりました。その後、２００４年にＢＳＥ（牛海綿状脳症）問題が起こり、アメリカの牛肉を輸入できない時期もありました。再開後、一時的に価格は上がりましたが、再び下がり続けて２０１２年には２５０円という最安値を記録。その後は少しずつ価格が上がり、今は４００円程度です。

モノの値段が下がれば生活がラクになるのかと言えば、残念ながら違います。値段を下げないと売れないということは、企業の利益を圧迫し、従業員を削減しなければいけないからです。何度も言っていますが、デフレが起こるのは、不景気だからです。

逆に、インフレになるのは好景気だからですね。高度経済成長と呼ばれた時期は高いインフレ率を記録しました。例えば、１９６０年代の平均インフレ率は５・34％、１９７０年代の平均インフレ率は９・11％でした。バブルが崩壊したとき

図12

消費者物価指数（CPI）＝インフレ率推移

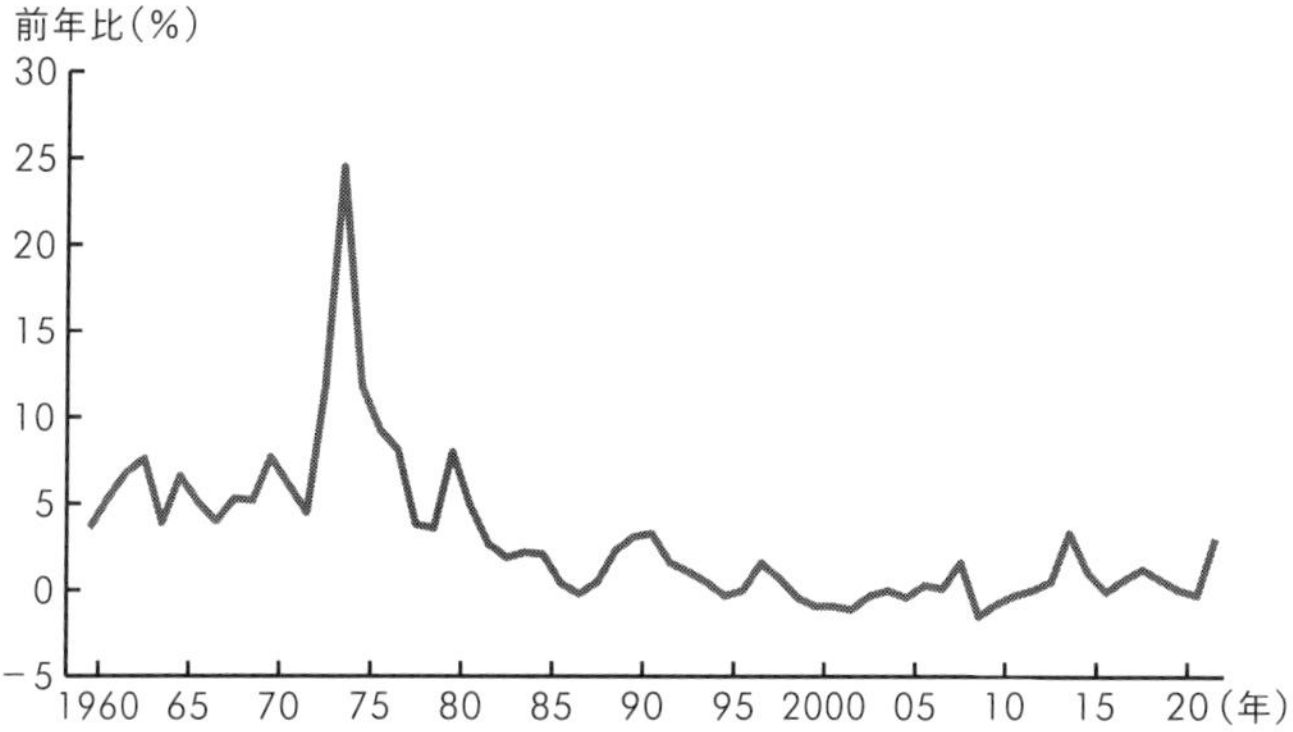

総務省統計e-Statより作成
（注）数値は年平均。1970年以前のCPIは「家の帰属家賃を除く総合」で、1971年以降は2010年基準で修正されています。

（1990年代初頭）は、最高値で3・3%のインフレ率でした（内閣府統計局消費者物価年次ベースデータより）。

✔デフレ＝不景気
✔インフレ＝好景気

バブル崩壊後の日本は、「失われた20年」「失われた30年」と言われています。20〜30年もの間、経済は停滞したままであり、グローバル社会の中で日本企業は国際競争力を失っていきました。

金利を下げても、物価が上がらなかった

バブル崩壊以降、日本よりも良い商品を生産する国が出てきました。韓国のサムスンやＬＧといった家電メーカーは品質の高い商品に安い値付けをして世界に打って出てきました。

日本のメーカーは価格で対抗せず、いろいろな機能を付けた付加価値で勝負しましたが、クオリティを極めすぎて余計に高価格になりました。日本国内では国産商品の安心感は強かったものの、世界ではそうではありませんでした。多くの消費者はそこまでのクオリティは求めておらず、シンプルでデザイン性に優れた低価格の商品のほうが人気だったわけです。韓国の次は、台湾や中国のメーカーが次々と台頭してきました。

「ジャパン・アズ・ナンバーワン」と言われた時代は遠い昔。２０１６年にシャープは台湾企業の子会社になり、粉飾決算が発覚した東芝は、医療機器事業や家電事業、パソコン事業、テレビ事業など、多くの子会社を他の日本企業や中国企業に身売りしていきました。

そのような流れの中で、日本の金利は下がっていきました。バブル崩壊による景

気後退を立て直すために、金融緩和政策の一環として政策金利をどんどん引き下げていったわけですが、日本の金利が下がれば下がるほど、世界の投資家たちは日本のマーケットから引き上げていきました。日本の企業は、ますます競争力を失っていったわけです。

　政府と日銀は、金利を下げて経済を活性化させようと考えました。景気が上向きになれば自然と物価も上がってくるはず。そうなれば、再び金利を上げられますし、再び日本の企業が世界で闘えるようになります。そのためには、まずは景気を上向きにして、デフレから脱却しなければ。そういうシナリオだったのではないでしょうか。

　ところが、そうはいきませんでした。金利を下げれば、物価が上がるはずという予想に反し、政策金利をゼロまで引き下げても、景気は一向に上向かず、物価が上がってこなかったのです。

　第1章でも触れましたが、日本には、物価を上げることに対して警戒心を抱く国民性があります。そのため、企業は価格を上げることに慎重になりすぎて、長らく価格を上げられずに苦しんでいました。商品の価格を上げられないと、企業の利益は増加しません。いくら安くても、わずかな利益しか得られないのであれば、従業員の給与を上げるのは難しい。給与が上がらない状態で物価だけが高くなると、国民が困ってしまいます。そういう事情もあり、企業は物価を上げる決断を先送りにしてきたわけです。

そのような膠着状況を打破するために登場したのがアベノミクスでした。結局、政策金利をマイナスにしてまで経済を刺激する決断をしたわけです。

その刺激策は功を奏して、ようやく景気も良くなりつつあり、物価も少しずつ上がり始めたころ、ロシアによるウクライナ侵攻が起こり、一気に物価が上がってしまいました。

ここまで金利のことを学んできたみなさんには、もうすでに金利を上げる時期に差し掛かっているのがわかると思います。物価上昇を落ち着かせるためにも、政策金利を上げるのが一般的です。現にアメリカやユーロ圏、お隣の韓国でも、物価上昇に呼応するように、政策金利を引き上げています。それは他の先進国でも同じです。

ぼちぼち日本も政策金利が上がるだろうと期待しています。

11/24

世界的に見て、日本の物価が安い理由。それにも金利は絡んでいる。

What will happen to our lives
if interest rates go up?

ビッグマック1個の価格、日本は世界第41位

日本では物価が高くなっていますが、それでもアメリカやヨーロッパの国々から見れば、まだまだ日本の物価は安いのが現実です。今の日本は、世界的に見て非常に物価が安い国なのです。昔は日本に出稼ぎに来る外国人も多かったのですが、今は逆に日本からオーストラリアやニュージーランドといった海外に出稼ぎに行く人も多いほどです。

中国や韓国などからの観光客が日本で大量の商品を買う「爆買い」がニュースなどでもよく報道されていました。**彼らがなぜ日本で爆買いをするかと言うと、当たり前のことですが、商品が安いからですね。自分の国で購入するよりも安いから、たくさん購入して帰国していくわけです。**

各国の物価を比較する指標として、よくマクドナルドのビッグマック1個の価格が使われます。２０２３年1月26日に発表になったビッグマックの価格ランキング（イギリスの経済専門誌「エコノミスト」のレポート）では、1位はスイスで日本円にして９４４円、2位はウルグアイで８９１円、3位はノルウェーで８５７円、4位はスウェーデンで７３１円、5位はデンマークで７０４円となっています。アメリカは6位で、

日本円にして６９７円です。一方の日本は、４１０円で41位。ちなみに韓国は30位で５１６円、中国は36位で４６０円です。

いかに日本の物価が安いかわかってもらえると思います。アジア圏の人々だけでなく、ヨーロッパ圏の人々からも観光地として日本が人気なのも頷けます。

政府は、日本を観光立国とする政策を打ち出し、２０２０年までに訪日外国人観光客数を２０００万人にするという目標を掲げました。観光業を日本の力強い経済を取り戻すための重要な成長分野と位置づけたわけです。

施策は想像以上に功を奏し、２０１９年には年間の訪日観光客が３０００万人を突破しました。その後、残念ながら新型コロナウイルスが蔓延したために観光客は激減しましたが、パンデミック前までは順調に観光客が増加していたわけです。観光客を受け入れるためのホテルが競い合うように建設され、インバウンドという言葉が一般的になるほど、小売業や飲食店も盛況でした。

これほど多くの外国人観光客が日本を訪れるようになったのは、宣伝やプロモーションがうまくいったこと、格安航空会社が台頭してきたこと、東京オリンピックの開催が近づいていたことなど、様々な要因が絡み合っていますが、日本の物価が安いというのも、大きな要因だと考えられます。

では、なぜ日本の物価は安いのでしょうか？
それは、円安だからです。円の価値が低いからです。

第1章で述べたように、今はアメリカの金利と日本の金利の差が開いているため、円安ドル高になっています。そこにロシアによるウクライナ侵攻でエネルギー価格高騰が加わり貿易収支は大きな赤字が続き、外国との取引における日本の儲けを示す経常収支も減り続けています。これは日本の国力が弱体化している証ですので、さらに円安の要因にもなります。

世界の基軸通貨である米ドルに対して、円の価値が下がっているわけですから、当然ながらユーロや中国人民元といった他の通貨に対しても円安になります。

✔アメリカの金利と日本の金利の差が大きい　↓　円安になる
↓　世界から見ると日本の物価が安くなる

実際には日本国内では物価が上がっていますから、日本に暮らしていると実感できないかもしれませんが、世界から見れば日本は物価の安い国なのです。

円安になると、輸入品の価格が高くなる

外国人の旅行者にとっては、日本は物価が安いわけですが、日本人にとってはどうでしょうか。円安に振れている今、日本国内に住む私たちにとって、物価はどういった動きをするでしょうか。

確実に言えることは、輸入品が高くなる、ということです。例えば、ワインやチーズといった嗜好品はかなり高騰しています。1年半ほどで約1・3倍になったものも多く、中には2倍近く値上がりしたワインもあります。

また日頃の飲食料品も物価高に見舞われています。日本は、大豆や小麦といった原材料を輸入に頼っています。小麦は政府が一旦買い取って、価格を抑えて卸しているのですが、それでも食パンは1・05～1・1倍に、菓子パンでは実質1・1倍になったモノがあります。大豆は円安の影響をもろに受けて、価格が高騰しています。大豆を原材料とする醤油や味噌といった調味料は価格を上げざるを得ない状況

です。納豆の値段が高くなったことを実感している人も多いのではないでしょうか。私が好きな銘柄は悲しいかな1・3倍になってしまいました。

他の輸入品に目を向けると珈琲は1・1〜1・2倍、ケチャップ、マーガリンは1・2〜1・3倍になりました。なたね油もほとんど輸入に頼っているわけですが、その影響を受けてマヨネーズも値上がりしました。キユーピーは、２０２３年4月からマヨネーズの価格を最大で21％値上げすると発表しています。マヨラーの私には痛手です。

家畜の飼料もほぼ輸入に頼っています。国産の肉（鶏肉、豚肉、牛肉）であっても、輸入しているエサが高くなれば、結果的に販売価格に反映させざるを得ないわけです。卵も同じですね。

値上げするのは、食料品だけではありません。今はあらゆる製品の原材料が輸入されています。わかりやすい例では、前にも触れた半導体がそうですし、アルミニウムの原料であるボーキサイトもそうです。そもそも製品をつくるために必要な電気の資源（天然ガスや石炭など）も輸入に頼っています。国産と言っても原材料を輸入に頼っているものは、値上げが必至だということです。

一方で、日本の金利が上がるか、上がらずともアメリカの金利が下がり、日本とアメリカとの金利差が縮まってくると、今度は円高に方向転換します。輸入品は安くなりますし、原材料も安くなります。ただし、輸出企業にとっては海外での価格が低くなるため、打撃を受けることになります。当然ながら、円安とは逆の動きになるのです。

- ✓円安になれば、輸入品や原材料などが高くなる。
- ✓円高になれば、輸入品や原材料などが安くなる。

私たちの生活に直結している商品の価格（物価）は、為替（円相場）に大きな影響を受けているわけです。それもこれも大本は金利です。主にアメリカの金利と日本の金利の差によって、円安もしくは円高に動くからです。

だからこそ、金利をもっと身近な存在だと感じてほしいと思います。

12/24

What will happen to our lives
if interest rates go up?

物価が上がると、
給与が上がり、金利も上がる。

賃上げがやってきた

２０２３年の春闘では、労働組合からの賃上げ要求に対して、製造業のメーカーや自動車会社などは満額回答。従業員の基本給を上げるベースアップが実現しました。大手企業だけではなく、少しずつではありますが中小企業にまで給与アップの波が広がってきています。

物価が上がってきた現在、給与を上げないと従業員が離れていってしまいます。他の企業が軒並み給与を上げているのに、自社だけ据え置きでは、優秀な人材を失いかねません。また、商品やサービスの価格を上げることに成功した企業は、その分の利益を従業員に還元できる段階になったとも言えます。

２０２３年は給与が全体的に上がる傾向にありますが、実は２０２２年の後半から少しずつ上がってきていました。全体的には２～３％ほど賃金が上がっていたのですが、大事なのは「実質賃金」と呼ばれるもの。実質賃金とは、労働によって受け取った賃金のうち、実際にどれだけ物品の購入に使えるかを示すものです。簡単に言えば、賃金上昇率から物価上昇率（消費者物価指数）を差し引いたものです。

賃金は上昇していますが、それよりも物価のほうが高騰しているため、実質賃金の上昇率はマイナスになっているわけです。この実質賃金の上昇率が２０２３年度にはプラスになることを期待したいと思います。

つまり、物価が高くなれば、その上昇分をカバーする以上に企業に賃金を上げてもらいたいわけです。

物価と給与は連動している

金利が下がると、景気が回復していきます。好景気になって物価が上がると、給与も上がり、モノ（サービス）が売れ続ければやがて金利も上がります。

✓物価が上がる
↓
給与も上がる
↓
金利も上がる

政策金利を上げるのは日銀で、給与を上げるのは企業ですね。

２０２２年から２０２３年の日本での動きを見ると、物価が上がり、給与が上がりました。その後、モノ（サービス）が売れ続けるようになると、いよいよ金利も上がってくる環境が整ったのだと思います。

みなさんも肌感覚で実感しているかもしれませんが、物価と賃金は、お互いに親密な関係にあるのです。

物価の上昇率が2％くらいに収まるように好景気をキープしながら、少しずつ給与も上がっていく。もし物価が異常に上がってきたら、金利を上げて物価上昇率を2％くらいに落ち着かせ、物価上昇率よりも高い賃金アップ率を実現していく。そのようにうまく回していくことができたなら、理想的に経済を上昇気流に乗せることができます。

しかしながら、ここ数年のアメリカを見てもわかるように、消費者物価指数が一気に8〜9％くらいまで上がってしまったら、景気の後退を覚悟してでも金利を大幅に引き上げて、物価を引き戻さなければいけなくなります。

なかなか理想どおりにいかないのが経済の難しいところですね。

13/24

金利が上がる局面なら、住宅ローンは固定金利に借り換える。

What will happen to our lives if interest rates go up?

金利1％の差は、どれほどの違いを生むか

住宅ローンを組んでいる人は、変動金利にされましたか？　それとも固定金利にされましたか？

あまり真剣に考えなかった人もいるかもしれませんね。戸建てやマンションといった不動産は、多くの人にとって人生で最も高額な買い物ですから、金利の種類を選ぶときもしっかりと考えてから選んでほしいと思います。

というのも、金利が1％違うだけで、返済総額が大きく変わってくるからです。例えば、3000万円を金利1％で35年間借りた場合、毎月の返済額は8万5000円程度、総支払額は約3557万円になります。同じように、3000万円を35年間借りて、金利が2％の場合、毎月の返済額は9万9000円程度、総支払額は約4174万円です。

1％違うだけで、最終的な総支払額に600万円以上もの差が生まれるわけです。

✔ 3000万円を35年ローンで借りた場合
・金利1%――総支払額 約3557万円
・金利2%――総支払額 約4174万円
↓600万円以上も差が出る！

金利の重要性を理解していただいたところで、住宅ローンの金利について詳しく見ていきたいと思います。まずは基本的なことからおさらいしましょう。

変動金利と固定金利、どっちがお得？

住宅ローンでお金を借りた場合、必ず金利が発生します。金利の種類として、大きくは変動金利と固定金利に二分されます。

変動金利とは、借入期間が仮に35年間だったとしても、半年ごとの短期金利によって適用される金利が変動するものです。とはいえ、住宅ローン契約後5年間は毎月の返済額を一定にしたり（5年ルール：以降も月々の返済額変更は5年ごと）、また毎月の返済額の上限を前5年間の1・25倍までにしたり（125%ルール）など、急に返済額が増加して生活を圧迫させないための緩和ルールがあります。

一方で、固定金利には、借入期間中ずっと金利が変わらない「全期間固定金利」と、ある期間だけ金利が変わらない「当初固定金利（固定金利期間選択型）」があります。当初固定金利で最もよく耳にするのは、最初の10年間が固定金利の「10年固定金利」でしょうか。最初の10年間は金利が変わらず、10年後から変動金利に切り替わる（そのときにまた固定金利を選択することができるものもある）住宅ローンです。

どちらのほうが得だと思いますか。

それは、金利が今後どのような動きをするかによります。

何度も言ってきましたが、短期金利と長期金利では、基本的に短期金利のほうが低くなります。それは、変動金利と固定金利でも同じですね。

✔ **短期金利＝変動金利　<　長期金利＝固定金利**

住宅ローンを組んでいる人のうち、多くの方が変動金利ではないでしょうか。7割以上の人が変動金利を選択しているという調査結果もあります（国土交通省 令和4年度民間住宅ローンの実態に関する調査）。

なぜ変動金利を選んでいる人が多いかというと、不動産仲介業者や銀行員が変動金利をすすめるからです。先ほど述べたように、変動金利のほうが低いので、毎月の返済額も変動金利のほうが必ず安くなります。また、返済総額を計算する際も、現在の金利で計算するので、固定金利よりも変動金利のほうが断然お得に見えてしまうのです。

ただし、その考え方には前提条件があります。

金利が今後もずっと上がらない。上がったとしても、それほど上がらない——という条件です。

何度も述べてきたように、日本ではバブルが崩壊した1990年代初頭から、一環して金利が下がってきました。政策金利で言えば、マイナスの状態が7年以上も続いています。当然ながら、住宅ローンの変動金利も低くなり、0・5％を下回るものもあります。もしこの状態がずっと続けば、変動金利のほうがお得になります。

現在、全期間固定金利（35年の場合）は、借りる人の属性にもよりますが、だいたい１・５〜２％の間です。仮に１・５％で借りられたとすると、変動金利より１％も高くなります。

しかしながら、政策金利が徐々に上がってきて、１・５％よりも高くなればどうでしょう。

次ページの図13を見てもらうとわかるように、バブル崩壊ごろまでは、変動金利は４％を上回っていました。崩壊する直前は８％を超えていますね。今後８％を超える可能性は低いかとは思いますが、４％は現実にありえる数字です。ちなみに現在、アメリカでは住宅ローンは固定を選択することが大半だそうで、その金利は６・８％を超えています（２０２３年５月末現在、30年固定型）。

少し余談になりますが、35年の住宅ローンを組んだ場合、金利が４・５％だと支払総額は借入金額の倍くらいになります。例えば、35年ローンで５０００万円を４・５％で借りた場合、ボーナス払いなしで計算すると、総返済額は９９３９万円になります。

このように見ると、アメリカの住宅ローンの金利がいかに高いか、実感できるかと思います。

図13

住宅ローンの金利推移

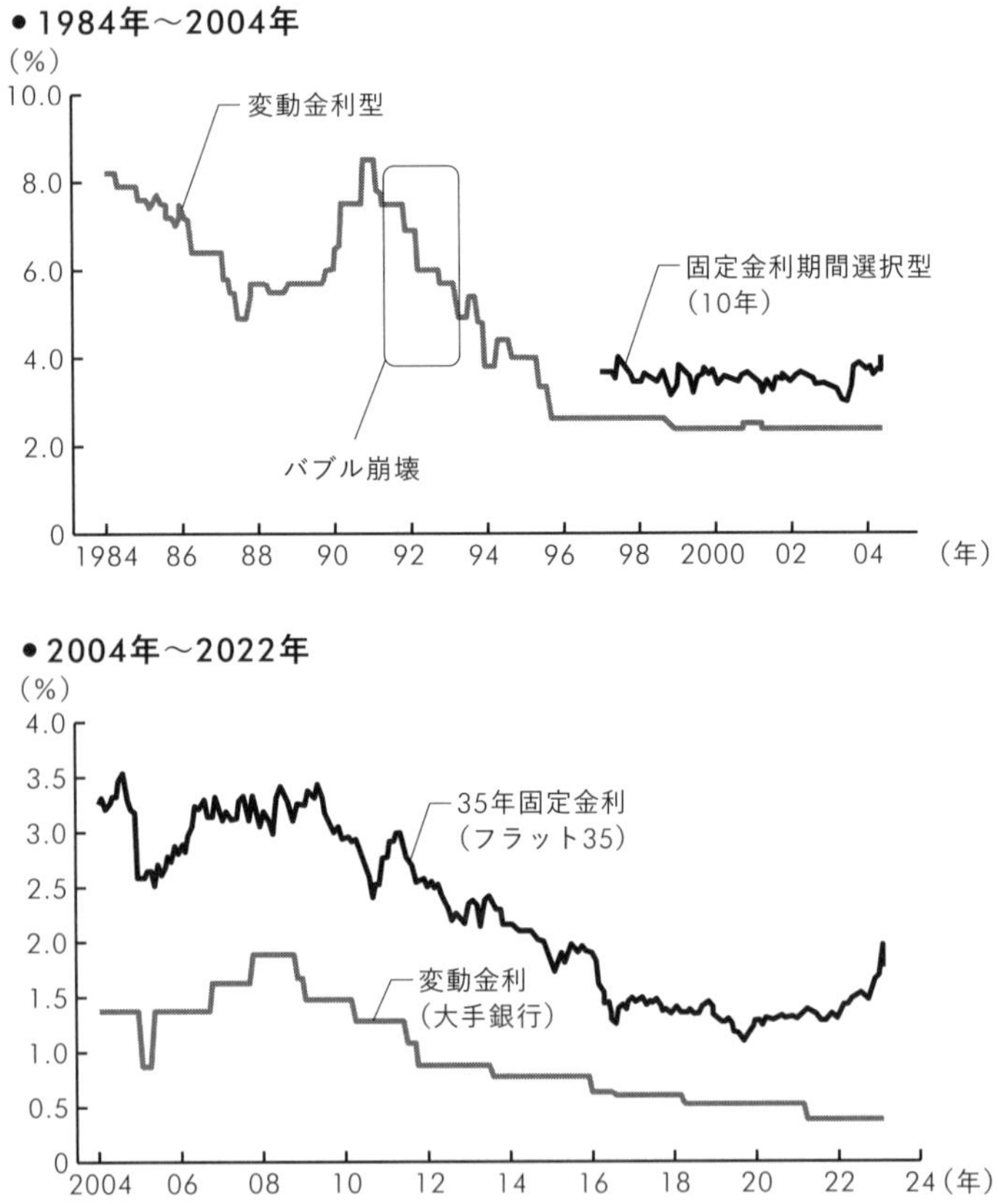

出所:住宅金融支援機構「フラット35サイト」より作成(上)
ダイヤモンド不動産研究所(下)

(注)現在、35年固定金利の代表格であるフラット35は2004年から開始した（証券化支援による新型住宅ローンとして2003年12月より取扱い開始となり、2004年12月に名称変更された）ため、2004年を起点に図版を2つに分けています。

日本も同じような金利になるとは限りませんが、可能性はあります。**もし今、住宅ローンを全期間固定金利に借り換えれば、ずっと1・5%のまま。変動金利のままにしておけば、10年後に4%を超えるような事態に陥る可能性がなきにしもあらず**、ということです。

早めに固定金利に借り換えておくべし

今後の日本の経済を見た場合、金利は上がっていくでしょうか。2023年4月9日に就任した植田日銀総裁の動向に注目していく必要がありますが、後述する10年物国債の利回り変動許容幅修正か撤廃、そしてマイナス金利政策がいずれ廃止されるのは間違いないでしょう。

マイナス金利が解除されたら、変動金利が一気に上がる可能性があります。それこそ1%くらい上昇するかもしれません。その後どのくらいまで金利が上がっていくのかは、正直わかりません。**ロシアによるウクライナ侵攻が長期化すれば、それだけ物価の高騰は続くでしょうから、金利は高くなる方向に動きます。**

２０２２年12月20日、黒田東彦日銀総裁（当時）は、金融政策決定会合で長期金利の変動許容幅を０・25％から０・５％に拡大する決断をしました。実質的な利上げです。それまで10年物国債の金利（利回り）が０・25％以下になるように、日銀は公開市場操作を行ってきました。専門用語で「指し値オペ」と呼ばれるもので、10年物国債を無制限に買い取り、市場での10年物の金利（利回り）をずっと下に向けて引っ張っていたのです。

　しかしながら、もう限界に近づいていました。金利全体が上がってきている中、10年物のところだけ異様に凹んでいた（60ページの図４）のを、黒田総裁は、ついに無理やり引っ張っていた手綱を少しだけですが緩めたわけです。

　この決定を受けて、多くの銀行で長期金利、すなわち固定金利が上がりました。これは、やがて変動金利も上がってくる前兆と見ていいと思います。正常なマーケット環境下では、景気が良いとき、もしくはインフレが過熱したときに、長期金利は日銀の金融政策変更よりも先に、市場参加者により形成（国債の売買）され上がるもので、**住宅ローンの金利は、固定金利が上がってから変動金利が上がるというのが一般的だからです。**

　そういう意味では、固定金利が上がり始めた今、素早く変動金利から固定金利に借り換えておいたほうがいいでしょう。

変動金利の恐ろしい落とし穴

変動金利の住宅ローンは、本当に怖い商品です。先ほど少し触れましたが、変動金利には「5年ルール」と「125%ルール」があります。

- ✔ 5年ルール＝金利が上がっても、5年間は毎月の返済額が変わらない
- ✔ 125%ルール＝金利が上がっても、毎月の返済額は前5年間の125%までしか増えない

金利が急激に上昇しても、毎月の返済額が急には増えないので、とても親切なルールだと思うかもしれません。ところが、大きな落とし穴があります。返済額は一気には上がりませんが、適用される金利は確実に上がっているため、**35年間払い続**

けても借金が残ってしまう可能性が高いのです。しかも、その残金は満期到来時に、全額を一括で返済しないといけないのです。

金利の上がり方にもよりますが、場合によっては1000万円くらい、いやそれ以上残ってしまうケースも考えられます。そして、もし一括で返済できなければ……。　35年間もローンを払い続けたのに、最終的に家を売却して借金を返済する、という最悪の結果になることもあるのです。

そのようなリスクを抱えながら、平穏に暮らしていくことはできるでしょうか。私には、そのような度胸はありません。自分の人生は自分でコントロールしたいですから、私は全期間固定金利にしました。住宅ローン契約時点では、変動金利よりも少々支払う金額が高くなるかもしれませんが、それよりも生涯で支払う金額を確定させて正確に把握できるほうが、子どもの学費や老後の計画などを立てやすくなります。

そして何よりも、心の平安に繋がります。

14/24

What will happen to our lives if interest rates go up?

金利が上がったときがマイホームの買いどき。

マイホームが高嶺の花になるとき

次に、これからマイホームを購入しようとしている場合を想定したいと思います。つまり、いつ買うべきか、という問題です。

住まいを購入する時期は、結婚や子どもの誕生など、自分たちのライフスタイルに大きく関係していると思います。子どもが小学校を転校しなくて済むように入学前までに購入したい、と考える人も多いようです。

実際、私のところに相談に来られる方の大半が、そのようなライフイベントにあわせて住まい購入の決断をされています。私個人としても買いたいときが買いどきだと考えて、長男の誕生にあわせて家を購入しました。ご相談者様には私自身の経験談も含めてお話しすることも多く、今でもこの決断は大正解だったと思っています。

ではそうした背景を考慮しなかった場合、いつマイホームを購入すれば得するでしょうか。

まず、住宅ローンのことだけを考えれば、金利が低いほうがいいですね。前にも触れましたが、金利が1％違うだけで、総支払額に６００万円以上の差が生まれるのですから（3000万円を35年ローンで組んだ場合）。

つまり、金利が下がっているときが、買いどきです。ローンのことだけを考えたら、マイナス金利になってからずっと買いどきだったわけです。

✔金利が低い　↓　住宅ローンが組みやすい

では、不動産の価格はどうでしょうか。地域によっても異なりますが、都内の人気エリアなどは、かなり高くなっていたのではないでしょうか。マイホームを検討していた人の中には、戸建てや新築マンションには手が出せず、ギリギリ中古マンションなら購入できるかも、と妥協した人も多いかもしれません。

なぜ不動産の価格が高騰しているかと言えば、住宅建材の高騰に加えて、円安で超低金利だからです。円安で海外の投資家が日本の土地を買い漁り、加えて、超低金利を理由にパワーカップルと言われる世帯年収1200万円超の夫婦が積極的に購入しており、需要が多いため、不動産価格が高くなっているのです。

✔円安になる（金利が低い）↓不動産価格が高くなる

2022年から2023年にかけては、マイホームは高嶺の花でした。日本人にとって高値でも、外国人にとってはものすごく割安だったため、人気の地域は買い漁られていました。

日本の一般の人々が買いたくても買えない。このような状態は、経済構造上問題だと私は思っています。不動産業と建設産業は、日本経済の根幹です。例えば、マイホームを購入した場合、家を建てるのに木材、アルミや樹脂で作られた建具、窓ガラス、トイレやお風呂などの建設資材が必要になります。また新居に入居するにあたり、家具や家電など、あらゆる製品が新しく購入される可能性があります。つまり、住宅の販売は、あらゆる業界と関係しているのです。

逆に言えば、**円高になれば、海外の投資家は為替による利益が出ますので、不動産を手放す可能性が高いということでもあります。**不動産が余るようになれば（供給が多くなれば）、必然と不動産価格は下がってきます。

そして円高の傾向に動くのは、アメリカの金利が下がってくるか、日本の金利が上がるタイミングです。何度も触れたように、アメリカと日本の金利差が為替に影響するからです。

日本の金利が上がりすぎると、住宅ローンの返済額が増えてしまいます。ですから総合的に見ると、アメリカの金利が下がってきて、日本の金利が上がり始めたときが最も買いどきと言えるかもしれません。

家賃が上がるタイミング

金利が上がると、2年程度遅れて家賃が上がると言われています。

マンションやアパートを経営している人は、通常はアパートローンという借金をして物件を購入しています。アパートローンは、投資用の事業ローンですから、基本的に変動金利。つまり、金利が上がると返済額が増えてしまい、その分を家賃に上乗せしたい、という思考に傾きます。

しかしながら、賃貸契約は通常2年更新ですから、その間は家賃を上げることができません。そのため、次の更新のときに家賃を上げてくるのです。ただ、次の更新まで数カ月であればそのときに家賃を上げられますので、最長のケースだと2年遅れて家賃が上がるというわけですね。

✔金利が上がる　↓　2年後に家賃が上がる

一旦、為替のことを考慮しないで日本の金利だけで考えてみましょう。金利が上がると、不動産関連の株価は下がります。逆に、金利が下がると、不動産関連の株価が上がります。

また、金利が上がると、お金を借りにくくなりますから、新しい土地を仕入れるのが難しくなります。ということは、土地の価格は下がる方向に動きます。

✔金利が上がる　↓　土地の価格は下がる

もし賃貸暮らしで、いつか持ち家が欲しいと思っているのであれば、金利が上がるタイミングがいいかもしれません。金利が上がれば、いずれ家賃が上がってきます。しかし、土地の価格は下がってくるので、購入するタイミングとしては悪くないでしょう。

ただし、金利が上がってきているので、前に述べたとおり、変動金利は危険です。できれば、全期間固定金利にしておくのがいいと思います。現在の変動金利と比べるのではなく、借入期間で比較するようにしましょう。今後30年間、もしくは35年間で考えたら、今の金利は、全期間固定金利でもかなり低いと言えるのではないでしょうか。

15/24

What will happen to our lives
if interest rates go up?

金利に強くなるためには、米ドルで考える習慣を。

消費者物価指数を常にチェックする

ここまで見てきたように、金利は私たちの生活に大きく関係しています。ですから、もっと金利を身近に感じるようになってほしいと思います。そのためには、月に一度、総務省から発表される「**消費者物価指数（CPI）**」（47ページ参照）に敏感になってください。

金利が上がるか下がるかは、消費者物価指数が目安になることは、これまでに何度も述べてきたとおりです。日本だけではなく、アメリカの消費者物価指数もチェックするようにしましょう。

復習になりますが、消費者物価指数は、2%よりも上か下かで見ていくのでしたね。2%を目標にしているのは世界の主要国共通です。ですから、2%を下回っていれば金利を下げる方向に、2%を上回っていれば金利を上げる方向に動かします。第1章で紹介したように、ヤフーニュースや日本経済新聞のニュースをこまめに見るようにすれば、自然と消費者物価指数のニュースも目に入ってくると思います。

次に重要なのが**日銀の金融政策決定会合**（50ページ参照）です。ここで、政策金利を上げるかどうかが議論されます。会合の結果は、すぐにニュースになりますので、これも経済ニュースをチェックしていると自然と目に飛び込んでくると思います。

アメリカの政策金利を決定するのは、ＦＲＢ（連邦準備制度理事会）のＦＯＭＣ（連邦公開市場委員会）という会合です。この会合で決められたことも必ずニュースになります。

ですからできる限り毎日、経済関連のニュースをチェックする習慣を身につけたいところです。

基軸通貨＝米ドルを持っておく強み

もう一つ、世界の基軸通貨で物事を考える習慣を身につけてもらいたいと思います。長年の間、基軸通貨は米ドルです。世の中は、大体が米ドルで取引されているわけですから、米ドルを中心に世の中を見るクセを付けておくと、もっと広い視野で世の中を見渡すことができるようになります。

米ドルで考える習慣の第一歩は、為替に敏感になること。1ドルを買うのに、円をいくら払わないといけないのか、という視点を持ってほしいと思います。

2023年5月末現在、だいたい1ドル＝139円です。1ドルを買うのに、

１３９円必要だということですね。

１ドル＝１００円になれば、１ドルを買うのに１００円で済みますし、１ドル＝１５０円になってしまうと、１ドルを買うのに１５０円もかかってしまいます。

そういう視点を身につけてほしいのです。なぜなら、基軸通貨である米ドルで資産を持ってほしいからです。**米ドルで資産を持っておけば、円が弱くなろうが強くなろうが関係ありません。**米ドル中心の世の中でモノを購入することができます。

例えば、最新のiPhone14 Proを日本で購入すると、14万９８００円もします。一方で、アメリカではまったく同じ機種が９９９ドルで売られています（日本とアメリカのアップルのサイトより）。１ドル＝１３０円ならば、９９９ドル＝12万９８７０円ですね。だから、アメリカで購入したほうが安い、ということを言いたいわけではありません。米ドルで資産を持っていれば、９９９ドルで最新のiPhoneを購入できる、と言いたいのです。円が安くなろうと高くなろうと、そういうことを一切気にしなくてもいいわけです。もう少し戦略的に考えると、iPhoneが欲しくなったとき、円で買うかドルで買うかを選択できる、ということでもあります。

米ドル資産を持っておけば、円安になったとしても平気です。２０２２年は一気に円安に動きましたが、私はまったく気になりませんでした。それなりに米ドル資産を持っていたからです。

日本にいながらインバウンド生活

米ドル資産を増やしておけば、生活がラクだとも実感しています。

例えば、金利が同じ5％だったとしましょう。円資産100万円を持っている場合、利回り（金利）が5％だったら年間で5万円入ってきます。一方で、ドル資産1万ドルを持っている場合、年間で500ドルです。1ドル＝130円だったら、円資産のほうは5万円ですが、ドル資産のほうは6万5000円になります。

また、ドル資産を多く持っていると、まるで海外からの旅行者のように、日本の安い物価を享受できます。外国人が日本に来て大量にモノを買って帰るのは、日本の物価が安いからですよね。

それと同じように、言ってみれば「インバウンド生活」を送れるのです。**円安による通貨の安さと物価の安さのダブルでメリットがある**わけです。

また私は海外旅行に行くときは、JALやANAといった日本の航空会社か、アメリカン航空やユナイテッド航空といったアメリカの航空会社か、そのときの価格を比較して利用する航空会社を選んでいます。日本の航空会社ではチケットを購入する国の通貨でしか購入できませんが、アメリカの航空会社であれば、チケットを円でもドルでも、他の通貨でも購入できるので、もしご自身がこれまでに取得した米ドルの価格（平均単価）がチケット購入時の為替レートよりも円高であれば、円で購入するよりもお得になることが多いのです。

先ほども述べたiPhone14 Proを見てみましょう。アマゾンでは消費税込み、円では14万９８００円、米ドルでは１１５２・33ドル（１ドル≒１３０円換算）で販売されています。あまり知られてはいないようですが、メニューバーで支払通貨が選択可能です。購入時の為替レートで計算され価格が決まります。ただし、アメリカ現地価格とは異なり、アップル日本が日本円での定価を固定し、これに為替レートを連動させて米ドル価格が決まります。よって、少しでも円高のときに購入したほうが米ドル価格は安くなります。これから米ドル資産を形成すれば、為替レートが円高に進んだとき、お得に米ドルで買い物ができるようになります。**確実に米ドル資産を形成する方法があり、それは付録で具体的に説明します。**航空チケットの購入やアマゾンでの支払いには外貨通貨に対応したクレジットカードもしくはデビットカードが使えます。私は外貨預金をしている銀行のデビットカードを利用しています。

さらに、**日本の国力が衰退し、円資産がなくなってしまう、というリスクも回避できます。**日本で起こる可能性は今のところ低いと思いますが、もしもっと急激なインフレになった場合、円資産は目減りしてしまいます。ハイパーインフレになったら、1万円札が紙切れみたいになってしまう可能性もあるわけです。

しかし、米ドルで持っていれば、資産が目減りする可能性はかなり低く、生活が不安になる可能性も少ないでしょう。米ドルが基軸通貨であり続ける限り、紙くずになる可能性はほぼないと言っていいと思います。

このように、米ドル資産を持つことは多くのメリットがありますし、リスクも分散することができます。なるべく円を米ドルに替えておきたいわけですが、そのためにも為替に敏感になって、米ドルで考えるクセを身につけてほしいです。

次章では、基軸通貨である米ドル資産を持つことを念頭に置きながら、金利と資産形成の関係について見ていきましょう。

第3章

金利を使って、資産を増やす

16/24

Use interest rates to grow your wealth.

金利の動きを見れば、投資先がわかる。

金利を理解する前に、投資をしてはいけない

投資をしようと決めたら、みなさんは何から始めますか？

予備知識なく、いきなり自分のお金をリスクに晒すようなことは、普通であればしないと思います。まずは勉強しようと思う人もいるでしょうし、プロの人に教えてもらおうと思う人もいるでしょう。

ところが、ご自身が勉強をする前に、プロのお墨付きと安心してしまい、すすめられた投資信託を買ってしまった方が大変多いと感じます。なぜなら、書籍や多くの金融商品販売関係者が投資信託をすすめているからです。私のところに投資のご相談に来られる方の大半が、保有する投資信託の種類や名前さえ覚えておらず、すすめられるままに買ってしまったとおっしゃいます。

投資信託がダメと言っているわけではありません。投資信託にもたいへん良い商品があります。私も、ご相談者が勉強された後、分散投資のひとつとして、ご自身のリスクに対する考え方や感じ方（リスク許容度）をしっかりと検証してから選択することをおすすめしています。あくまでも今の世の中がどういう状態なのかを見て、投資先を判断してもらいたいのです。

そして、くどいようですが、この世の中の状況を判断するのに役立つのが、金利です。**金利の動きを見れば、何に投資すべきか、どういう形で資産を持っておくべきか、ということがわかります。**だからこそ、金利のことをしっかりと学んでから投資を始めていただきたいと声を大にして言っています。

逆に言えば、金利を学ぶ前に投資はしないほうがいい、という警鐘でもあります。とにかくやってみることも大切ではありますが、高くて痛い授業料を好んで払いたい人はいないですよね。

これから投資をしようと思っている人は、ぜひ本書で金利を理解してから始めるのがいいでしょう。もうすでに投資をされている人も、一旦立ち止まって金利のことをよく理解してみてください。また違った視点で金融と経済の世界が見えてくると思います。

「とりあえず投資」で利益を出せるか？

金融緩和政策が続いている限り（金利が低いままである限り）、株式（インデックスファンド）の投資信託は比較的安定していますので、安心できる商品です。逆に金利が上がっていくと微妙になるとも言えます。

投資信託とは、金融のプロに自分のお金を預けて投資先をお任せ（信託）するというものですね。儲かったら、その分を還元してもらえるわけですが、当然ながら、そこには手数料が発生します。

投資信託にはいろいろな種類があり、大きく分けるとアクティブファンドとパッシブファンド（インデックスファンド）の2種類があります。アクティブファンドは、プロのファンドマネジャーが自分たちの調査や思想、理論などを駆使して、上昇する銘柄を厳選し、指標（ベンチマーク：代表的な基準）よりも高い成果を目指し積極的に運用していくもの。人が介在しているために、それなりの手数料がかかります。

一方、パッシブファンドは、市場全体（指数）の値動きと同様の運用成果を目指し、例えば日経平均株価といった個別指数に連動するように組まれた商品で、ほとんど人の手は加わっていません。ですので、手数料も安くなっています。

✓アクティブファンド＝手数料が高い

✓パッシブファンド（インデックスファンド）＝手数料が安い

アクティブファンドは優秀なファンドマネジャーが銘柄を選んでいるわけですが、残念ながらインデックスファンドよりも高い運用益を達成している商品は多くありません。過去10年間の運用成績記録から、アクティブファンド日本株式型（2021年9月までの）では42・6％、アメリカ大型株式型（2021年4月までの）では71・5％がインデックスファンドに負けていたとのレポートもあります。日本株式型はほぼ半々でしたが、なんとアメリカ大型株式型では28・5％しか利益が出ていないのです。

では、インデックスファンドだったらいいのかと言いますと、「良いものもあります」というのが正しい回答だと思います。「手数料が少ない」と宣伝しながら、管理手数料（信託報酬）は必ずかかります。販売手数料や解約（換金）手数料がほぼゼロでも、投資信託を持っている間は毎年いくらか払うことになるのです。

証券会社や銀行といった金融機関は、この信託報酬で利益を上げています。自分たちの口座に投資信託を保有してもらえれば、毎年必ずお金が入ってくる、とてもありがたい商品なのです。ですから、金融機関はそういった商品を売りたい。より利幅の大きな商品を売りたいのは、利益を追求する民間企業であれば当然のこと。私もその中にいた人間ですので、大きな声で偉そうなことは言えませんが、「毎年、自動的にお金が入ってくるおいしい商品」であることは事実です。

管理手数料を0・1%くらいしか取らない投資信託もあれば、中には1%以上のものもあります。年間の利益が2%だった場合、その半分をもっていかれますし、もしマイナスだったら、よりマイナスになってしまいます（もちろん、信託報酬が高いけれども、その分、パフォーマンスの良い投資信託もあります）。

投資信託を選ぶ際は、買ったり売ったりするときだけでなく、保有している間にどれくらいの手数料がかかるのか必ず確認してください。

17/24

Use interest rates to grow your wealth.

「目標を達成する金利」で投資先を選ぶ。

四つの分散から始めよう

投資の基本は「分散して、リスクを軽減させること」。投資信託で日経２２５やＳ＆Ｐ５００といったインデックスファンドだけを買っておけばいいと思っている方もいらっしゃいますが、それは完全なる分散投資ではありません。銘柄は分散されていますが、株式だけだからです。つまり、株が１００％になっているわけです。

投資には、株式、債券、為替、不動産など、いくつも種類があります。それらすべてに必ず投資する必要はありませんが、ある程度異なった種類のものに投資することを分散投資と言います。

分散投資に関しては、年金積立金管理運用独立行政法人（ＧＰＩＦ）のポートフォリオが参考になると思います。ポートフォリオとは、資産をどういうふうに分散しているかという資産構成のことですね。

ＧＰＩＦのウェブサイトを見ると、資産構成の割合は、国内債券25%、外国債券25%、国内株式25%、外国株式25%となっています（次ページの図14）。債券と株式しかないと思うかもしれませんが、この中に為替と不動産も含まれています。為替は外貨建てで持つということですから、外国債券と外国株式を持つこと自体が為替の

図14

GPIFの資産構成

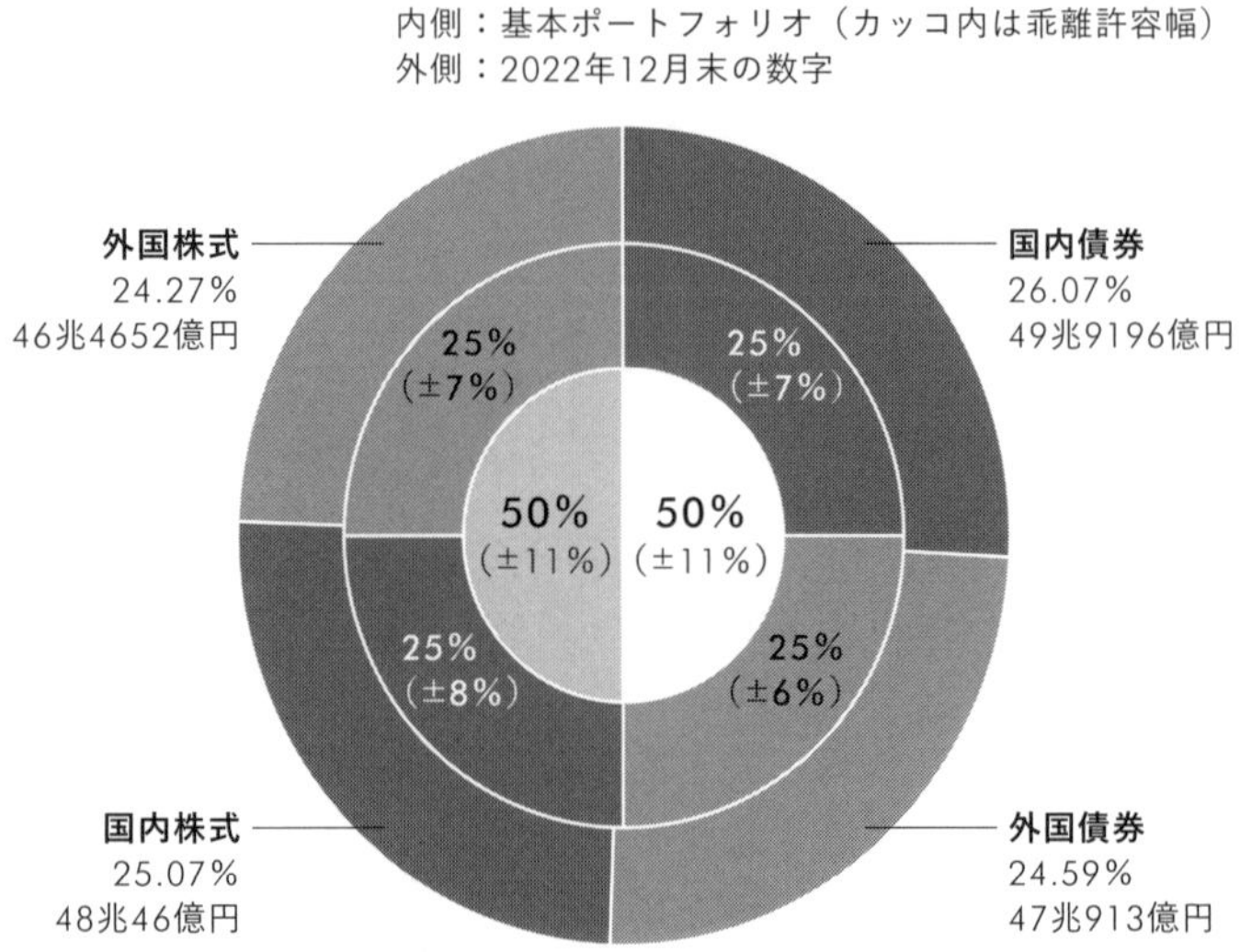

出典：GPIF「運用資産額・構成割合」2022年12月末
https://www.gpif.go.jp/operation/the-latest-results.html

変動に対するリスクヘッジであり、分散投資でもあるのです。

一方の不動産は、そう簡単に海外の土地・建物を購入することはできませんよね。国内の土地・建物であっても、その管理は容易ではなく、また資金流動性（即座に売却しお金に換えること）が乏しいのが一般的です。後ほど詳しく見ていきますが、不動産に特化した投資信託を購入することで、低額から不動産に投資することができます。要するに、国内株式と海外株式の中に不動産が含まれているということです。

投資に関して初心者の方は、まずはＧＰＩＦの真似をして、四つの分散から始めるのがいいかと思います。長期で運用していく場合、とても安定した資産構成の割合になっています。

コアとサテライト

その上で、私は核になる部分（コア）と衛星になる部分（サテライト）をつくってほしいと思っています。

コアの部分は長期投資で考えるほうがいいので、先ほど紹介したＧＰＩＦの資産構成を参考にしてください。コアで安定的に資産を増やすと考えていただければと思います。
一方の**サテライトは、少々リスクを取ってもいい部分**です。当然ながら、年齢や家族構成、収入の額、資産の額、そして投資の目的によって異なります。まだ年齢が若くて、それほど資産が多くなければ、株式の割合を多くして、土台を増やせる可能性を高めます。株式は債券よりもリスクが高い分、リターンも高いからです。もうすぐ引退を迎えるという人で、それなりに資産があるのであれば、無理をする必要はないので、安定的に資産が構築できる債券の割合を増やしていくのがいいのではないでしょうか。

図15は、年代による資産構成の目安です。実際の構成比率はご自身のリスク許容度によって決めるとよいかと思います。保守的運用志向の方は、20〜30代は株式と債券は5対5、40〜50代では株式と債券は2対8。積極的運用志向の方は、20〜30代は株式と債券は7対3、40〜50代では株式と債券は4対6あたりを目安になさってください。
年齢と資産の状況を鑑みて、場合によっては1年や2年といった短期投資に手を出してもいいですし、10年以上の長期投資のみでも大丈夫です。この後すぐに述べ

図15

年代別・資産構成の割合（筆者の案）

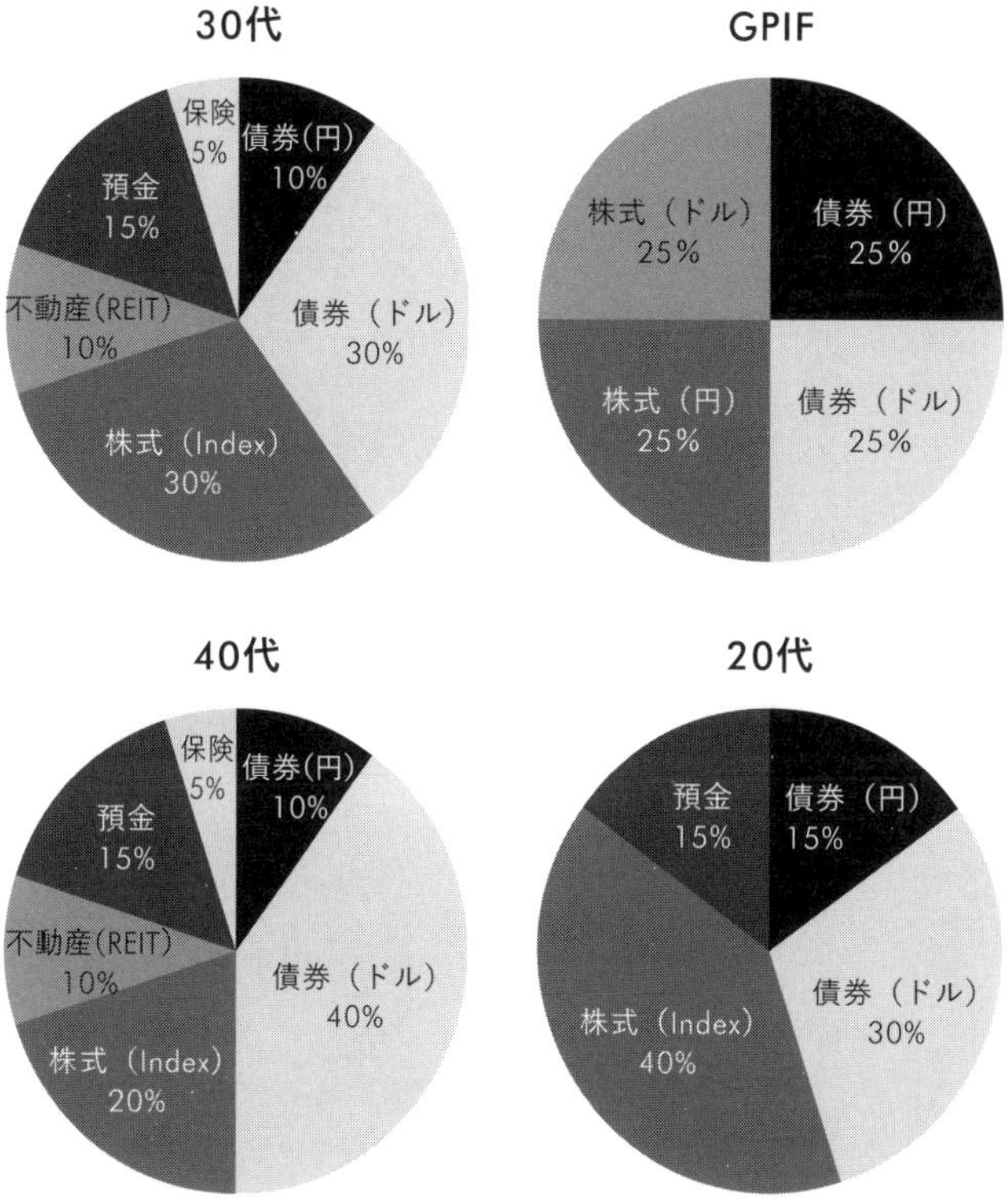

※図は預金も含めた資産構成。実際の構成比率は自身のリスク許容度によって構築してください。

50代

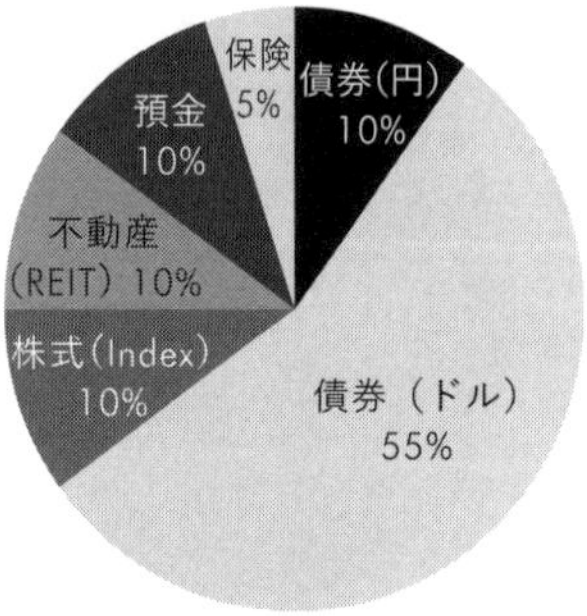

60代

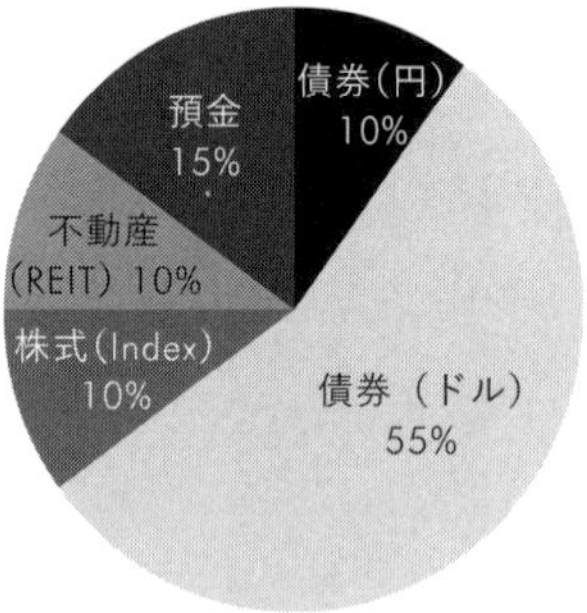

る「投資の目標」を達成するためにチャレンジする部分だと思ってください。

- ✔コア＝長期投資で安定的に資産を増やす（GPIFを参考にする）
- ✔サテライト＝コアを補助するために、リスクを取って資産を増やす

どういう割合で資産を形成していくかは、後ほど付録で、いくつかのモデルケー

スを紹介しながら説明していきたいと思います。

資産が倍になる72の法則

自分の「投資の目標」を持つことが大切です。あいまいに「できる限り資産を増やしたいなぁ」と思うのではなく、具体的に「いつまでにいくらの資産が欲しいのか」を明確にします。その目標によって、投資の手段が変わってくるからです。

みなさんは「72の法則」を聞いたことがあるでしょうか。お金を2倍にするのにかかる期間と金利の関係がわかる方程式です。

✔ **72÷（2倍にしたい年数）＝金利**

例えば、「10年間で資産を倍にしたい」という目標を持ったとします。72の法則を用いれば、金利は7・2％が必要だとわかります（72÷10＝7・2。基本的に利息をその都度元本に含めながら再投資していく手法で、あくまで目安です）。もし、20年間で資産を倍にするのであれば、3・6％（72÷20＝3・6）の金利（利回り）の商品を選ぶといいことになります。

　コアの部分は長期投資ですから、この72の法則を参考にして、それでも足りない部分をサテライトの部分で、少しリスクを取って補っていくようにしましょう。

　例えば、10年で2倍の資産を築くためには、7・2％の金利（利回り）が必要でしたね。安定したコアの部分を債券にしたとすると、10年物の米ドル建て債券だと金利（利回り）は5％程度を確保できますので（2023年3月末現在）、残りの2・2％をサテライトで補います。コアとサテライトの比率を9対1にしたとすると、サテライトでは22％くらいの金利（利回り）を目指さないといけなくなります。言ってしまえば、それほど高いリターンを目指すためには株式などのリスクが高い投資商品に手を出さないといけない、ということになります（注：債券投資は再投資の考えがありませんので、あくまで目安です）。

　おさらいになりますが、まずは目標を持つこと。その目標を達成するための金利（利回り）を明確にすること。そうすれば、自ずと投資先が決まってくるのです。

18/24

Use interest rates to
grow your wealth.

円高になったら、つまりアメリカと日本の金利差が小さくなったら、円を米ドルに替える。

18

 円高になったら、つまりアメリカと日本の金利差が小さくなったら、円を米ドルに替える。

方法①　外貨預金の口座を開設する

第2章でも述べましたが、私はドル資産を持つことを推奨しています。その理由は、輸入に頼る私たち日本人がドル資産を持っておくと、為替の影響を受けにくいこと、そして生活がラクになることでした。

資産を形成する場合も、円資産だけではなく、ドル資産も増やしてほしい。これから資産を形成していこうと考えている方は、日本円と米ドルの両方で資産を築いてほしいと思います。**私はドル資産をかなり多めに持つようにしていますが、とりあえず半分くらいずつでもいいので、意識的にドル資産を持つようにしてください。**

では、どういうふうにしてドル資産を持てばいいのでしょうか。

一番簡単なのは、円をドルに替えることです。そうは言っても、ドル紙幣を現金で持っておくわけにはいきませんので、外貨預金の普通口座をつくって、そこにお金を移していきます。大手銀行でも外貨預金はできますし、ネット銀行でも大丈夫。まずは自分が普段から利用している銀行で外貨預金の口座をつくってみるといいでしょう。

例えば、三菱ＵＦＪ銀行の外貨預金の金利（利息）は、米ドルで０・０１％です。日本円の預金の金利（利息）は０・００１％なので、10倍ですね。ソニー銀行は、円から預け入れた場合、最初の６カ月は８％もの金利（利息）がつくキャンペーンをしています（２０２３年３月末現在）。ただし、その利息を受け取るときには税金として20・３１５％引かれるので、実際に受け取れる金利（利息）は６・３７４％です。それでも随分高いですよね。同じくソニー銀行での米ドル定期預金は、１年物で４％、米ドル普通預金でも０・７％です。

こうして見ると、ドルでの普通預金や定期預金を考慮に入れてもよさそうですよね。さらに、もし円安になったならば、金利以上に利益が出るのは、第１章で述べたとおりです。

要するに、円高になったときに、円をドルに替えたほうがいいということです。

✔円高になったら、円をドルに替える。

２０２３年5月現在、1ドル＝１３９円程度です。1ドル＝１５０円のときと比べれば少し戻りましたが、それでもまだ円高とは言えないかもしれません。今後アメリカの政策金利が下がってきて、日本の政策金利が上がってくると、アメリカと日本の金利差が縮まり、円高の方向に動くでしょう。

そのタイミングを見計らって、円資産を可能な限りドル資産に替えるのがいいでしょう。そのためにも、まずは外貨預金の口座を開設しておきたいところです。

外貨預金のデメリットを知っておこう

外貨預金のメリットばかりに目を向けてきましたが、デメリットもあります。

一つは、メリットと反対のことですが、円高になると、円換算での資産が目減りします。円安のときに円をドルに替えてしまった場合、円での価値が3分の2くらいになることもあります。例えば、1ドル＝１５０円のときに１５０万円をドルに替えたとします。手数料などを考慮に入れなければ、1万ドルを所有することになります。その後、1ドル＝１００円になった（円高になった）場合、1万ドル＝１００万円になってしまうのです。つまり、１５０万円が１００万円になってしまったわけですね。

しかし、物は考えようでもあります。たとえ円での価値が3分の2になったとしても、1万ドルは1万ドルです。ドルで買い物をする限りにおいては、為替の変動は関係ありません。そんなに多額のドルを買い物で使うことはできないと思いますが、為替は変動しているので、円安になるときまで待っていれば、一時的な円高には対処できるでしょう。

そういう意味では、いつでも使えるお金は円で持っておき、すぐに使う予定がないお金、つまり将来使うお金をドルに替えるという考え方でもいいかもしれません。

- ✔円資産＝すぐに引き出せるお金
- ✔ドル資産＝将来使うお金

他にも外貨預金のデメリットが二つあります。

一つは、預金保険制度がないこと。預金保険制度とは、銀行が破綻した場合、一

155 円高になったら、つまりアメリカと日本の金利差が小さくなったら、円を米ドルに替える。

つの銀行につき１０００万円まで預金の元本と破綻日までの利息を保証してもらえる制度です。みなさんの中には、預ける上限額を１０００万円にして、複数の銀行に預金をしている人もいるかもしれませんね。預金保険機構に登録されている銀行法に規定する銀行であれば、１０００万円まで、安心して預けることができるわけです。ゆうちょ銀行やネット銀行も含まれますし、外資資本でも銀行法に規定する日本法人であれば対象となります。

繰り返しますが、この預金保険制度は円預金が対象で、外貨預金には適用されません。普段から利用しているなど、信頼している銀行で外貨預金の口座をつくるのがいいかと思います。

もう一つのデメリットは、円からドルに替えるとき、そしてドルから円に替えるときに為替手数料がかかることです。

金融機関によって異なりますが、例えば、三菱ＵＦＪ銀行のインターネットバンクでは、1ドルに対して25銭の手数料がかかります。つまり、4ドルで1円ですので、１００ドルで25円、1万ドルで２５００円の手数料がかかります。もし窓口で取引をすると、1ドルに対して1円の手数料がかかるようです。1万ドルだと1万円もかかるということですね。

少しややこしい話ではありますが、ドルを円に替えるとき、為替による利益は総合課税の雑所得になります。例えば、1ドル＝１００円で購入したドルが1万ドル（１００万円）あったとします。仮に1ドル＝１５０円のときに1万ドルを円に替えると、１５０万円になります。この場合、元々は１００万円だったものが１５０万円になったので、50万円の為替差益が生じたわけです。この為替差益が年間20万円以上の場合、総合課税の雑所得として確定申告をしないといけません。つまり、給与所得にプラスして税金が発生します。

ご自身の所得により税率は異なりますが、例えば、給与年収６５０万円で課税所得（基礎控除や社会保険控除をした後の所得）が３４０万円くらいの方ですと、今の例で言えば、50万円×20％＝10万円の所得税が増えてしまいます。さらに、住民税（全国的に課税所得の約10％）も5万円程度増えることを覚えておいてください。

ご覧のとおり、少し面倒なうえ、税金も多く引かれてしまいます。こまめに円ドルの差を利用するよりは、なるべく長くドルで所有するほうがよさそうです。

外貨預金口座を持つメリットが感じられない方は、わざわざ口座を開設する必要はありません。証券会社の口座でも、外貨預金ができるからです。

方法②　証券会社の口座でドル資産を持つ

まずは証券会社で口座を開設する必要があります。まだ証券口座を持っていない方は、少し面倒ではありますが、是非とも開設してみてください。ＳＢＩ証券、楽天証券、松井証券、マネックス証券、ａｕカブコム証券といったネット系の証券会社が使いやすいかと思います。口座の開設方法は各証券会社によって異なりますので、各ウェブサイトをよく読んでください。

証券会社の口座を開設したら、口座にお金を入れるわけですが、最初は円で入れます。預り金（買付余力）という名目で、金額が記載されるかと思います。この段階では、まだ円資産のままです。

証券会社で運用をする場合に、円資産をドル資産に替えるには、二つの方法があります。

一つは、**外貨建てＭＭＦ（Money Market Fund）を利用すること。**ＭＭＦとは、外貨で運用される投資信託の一種で、主に国債や優良企業の社債などで運用されるので安全性が高く、基本的に元本割れがない商品です（リーマン・ショックのときには元本割れしたことがあります）。円から米ドルに替えるときには為替取引手数料がかかりますが、

ＭＭＦの売買に手数料はかかりません。しかも、政策金利に伴い、その都度金利は変動しますが、現在の年間予想利回りは４・５％を超えています（２０２３年５月末現在）。預金代わりにＭＭＦを利用するといいでしょう。

もし、どうしても円に替えたいとき、その売却益および分配金は原則として申告分離課税で20・３１５％かかります。他の所得とは切り離して確定申告をしなくてはなりませんが、事前に特定口座（源泉徴収あり）を選択すれば、証券会社で源泉徴収され、確定申告の必要はありませんのでとても便利です（外国株式や外貨建て投資信託などの譲渡益課税も同様）。株式や他の投資信託などの譲渡損失を損益通算する場合には確定申告が必要です。

二つめは、円から米ドルに替えるだけの為替取引で、預り金（利息はつかない）と言います。ただし、証券会社では特定口座（源泉徴収あり）扱いにはならず、すべて自身で為替差損益を管理しなければなりません。預り金から何らかの有価証券を購入し、途中売却や満期償還時に為替差益が出た場合には申告分離課税として確定申告が必要になります。

聞いているだけで面倒で複雑だと感じると思いますので、私はあまり初心者には

159 円高になったら、つまりアメリカと日本の金利差が小さくなったら、円を米ドルに替える。

おすすめしません。ただ、自身で為替差損益の管理ができるのであれば、預り金で貯めることを基本に、為替手数料の安い銀行で円から米ドルに替えて、証券会社に送金することも可能です。基本的に外貨送金手数料は数千円かかりますが、預金残高に応じて無料になる銀行もあります。

これら二つの方法でドル資産を貯めていき、ある程度まとまったところでアメリカ株やアメリカ債券を買えば、それでドル資産運用を開始することになります。

何を買えばいいかについては後ほど詳しく述べていきますが、ここでは「**証券会社にお金を貯めて、アメリカの株や債券を購入する」という、税金や確定申告を気にせずにドル資産を持てる手段がある**ことを知っていただけたらと思います。

円高になったけれど、株価が高かったり、米債券の金利が低かったりする場合は、とりあえず円をドルに替えて持っておくのもいいと思います。そうすれば、将来為替の変動を気にすることなく、アメリカ株やアメリカ債券を購入することができるからです。

19/24

Use interest rates to grow your wealth.

アメリカの金利が上がったら、米ドル建ての債券を買う。

利率５％超えのものも出ている

２０２２年から２０２３年にかけて、アメリカの政策金利は一気に上がりました。２０２２年１月のアメリカの政策金利は０・00～０・25％でしたが、12月には４・25～４・50％にまで上昇しました。２０２３年３月末時点では４・75～５・00％、５月末時点では５・00～５・25％です。これまでに何度も述べてきましたが、政策金利を上げたのは、物価が高くなりすぎたためであり、過熱した景気を落ち着かせるためでしたね。

このタイミングで、非常にいい投資はドル建ての債券です。為替のリスクを無視した場合、５年から６年満期の債券で、金利（利回り）が５％を超えるものが出てきました。

仮に６年物の債券で金利（利回り）が５％のものに、１００万円を投資したとしましょう。５万円が６年間毎年入ってくるので、（税金を無視すると）５万円×６年間＝30万円の利益が出ます。６年間で確実に、１００万円が１３０万円になるのです。

ところで、債券とはどういったものでしょうか。

債券を買うとは、国や企業にお金を貸すこと

債券とは、国や自治体、企業が資金を借り入れるために発行する有価証券のこと。つまり、「債券を買う」という行為は、国や企業にお金を貸すことなのです。

- ✔国債＝国にお金を貸すこと（国が発行する有価証券）
- ✔社債＝企業にお金を貸すこと（企業が発行する有価証券）

お金を貸してあげるわけですが、貸し手（投資家）からすれば、国や企業に投資しているのと同じです。

債券の仕組みは単純です。例えば、10年間貸すと金利（利率）が何％つくかが最初から決められています。仮に、アメリカの10年物の国債で金利（利率）が3％だったとしましょう。そうすると、10年後には必ず、あなたが貸したお金が返ってきて（満期償還）、それにプラスして毎年3％の金利（利率）分が入ってくるのです。

図16

債券の仕組み

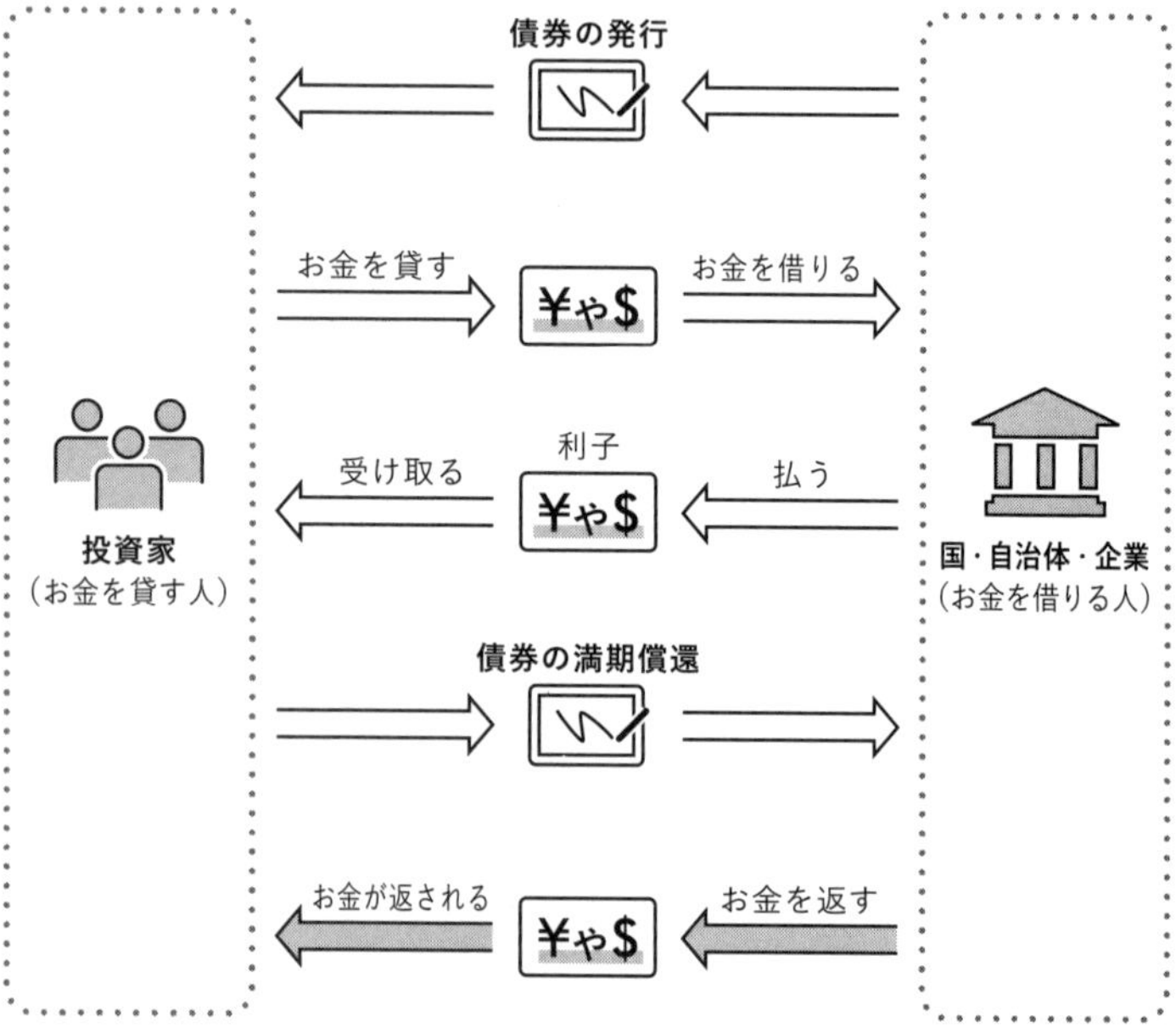
債券の発行
お金を貸す
¥や$
お金を借りる
利子
受け取る
¥や$
払う
投資家
（お金を貸す人）
国・自治体・企業
（お金を借りる人）
債券の満期償還
お金が返される
¥や$
お金を返す

もし1万ドルをアメリカという国に貸したとすると、10年後に1万ドルがそっくりそのまま戻ってきます。さらに金利（利率）分の1万ドル×3％＝３００ドルが毎年入ってくるので、結局のところ、３００ドル×10年＝３０００ドルのプラスになります（税金は考慮せず）。

このように見ると、債券は非常に安定した投資だとわかると思います。アメリカの国債を購入するのであれば、アメリカという国が財政破綻（デフォルト）しない限り、元本は必ず保証されますし、さらに金利（利率）も確実に入ってくるからです。

✔債券＝リスクの低い金融商品

20
24

Use interest rates to grow your wealth.

ドル建てを買うなら、アメリカ国債や日本企業の「既発債券」が狙い目。

債券には「中古品」もある

私は投資先として「米ドル建て債券」を最もおすすめしています。債券の中でも特に、アメリカ政府が発行する国債から始めるのがいいと思います。国の信頼度は高いですから、たとえ30年物の国債であっても、ほぼ確実に利益を生み出してくれます。

国債は、証券会社で購入することができます。ネット証券であれば、ネットショップで商品を購入するのと同じ感覚で購入できます。

ネット証券のウェブサイトで「外貨建て債券」をクリックすると、「**新発債券**」と「**既発債券**」の二つが出てくると思います。新発債券は文字どおり、新しく発行された債券のこと。申し込み期間が設定されており、販売数（販売額）に限りがあります。ですので、時期によっては新発債券がない場合もあります。

一方の既発債券は、すでに市場に出回っている債券のことです。つまり、債券には中古が存在するのです。債券は、満期償還までの期間途中であっても、投資家同士で売買することができるからです。

例えば、10年物の国債を買ったとしても、数カ月後でも5年後でも、いつでも売ることができます。もちろん10年間ずっと保有しておいて、当初に決められた金利を享受するので問題ありません。しかしながら、その期間中に、あなたが持っている国債を高く購入したいという人が現れたらどうでしょうか。市場の状況によっては、そういうことも起こりうるのです。

ここが債券のややこしいところですので、具体例を挙げて図17とともに説明したいと思います。

あなたが、１００万円で金利（利率）２％の２年物国債（新発債券）を購入したとしましょう。

そのまま持っていれば、２年後に１００万円が返ってきて（償還されて）、金利分の２万円×２年分の４万円を手にします。つまり、１００万円を投資して、２年後に１０４万円になるわけです。

ところが、購入してから1年後に、期間1年の市場金利が5％になったとします。つまり、そのとき新発の1年満期国債が出ていれば、金利（利回り）は5％になっているということです。

このとき、あなたは金利（利率）２％の残存1年物国債を売りに出すことができま

図17

債券価格の決まり方(市場金利が上がる場合:インフレ時)

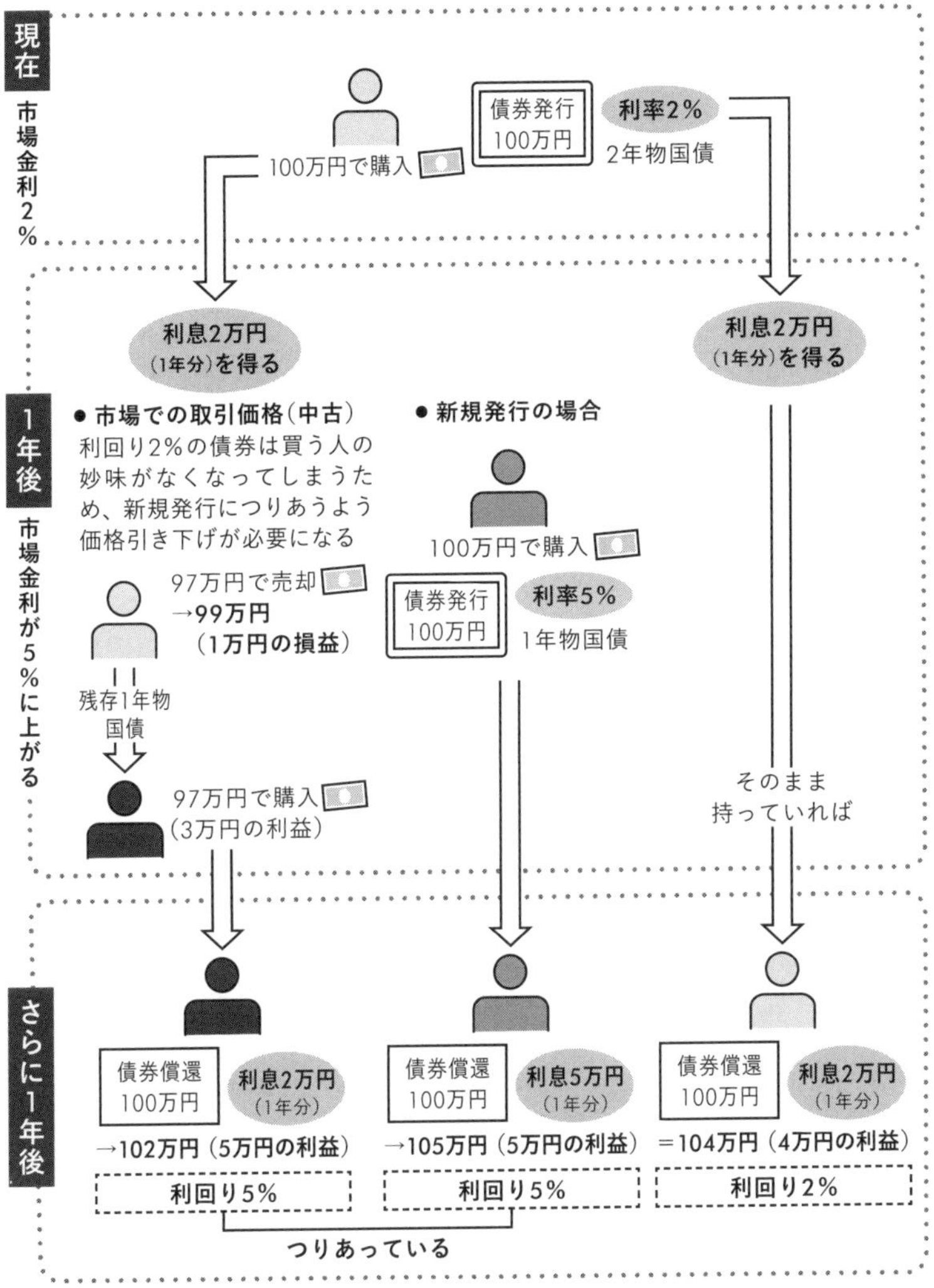

すが、同じ時期の新発1年満期国債金利（利回り）は５％なので、買う人の金利（利回り）も同じ５％になるように値引きしないといけません。そうしないと売れないからです。

具体的には、売り手であるあなたは97万円で国債を売ることにより、利回り不足分の３％分相当を値引きすることで売買が成立します。

この場合、売り手と買い手はどうなるでしょうか。

売り手……１００万円を投資して、（1年後に）売却した97万円と1年分の金利２万円を手にする（１００万円→99万円）。

買い手……97万円で国債を購入して、（1年後に）償還金額１００万円と1年分の金利２万円を手にする（97万円→１０２万円）。

売り手は1年で1万円損をしてしまいますね。ですから、もしあなたが売り手の側であれば、無理して市場に売り出す必要はなく、保有し続けてさらに1年後に１００万円と金利２万円を手にするほうが得でしょう。１００万円が１０４万円になるのですから、それは当然ですね。

ならば、期間途中で債券を売り出すような人は誰もいないのではないか、そう思う人も多いと思います。わざわざ損をするような人はいないですから。

ところが、そうでもないのです。損をすることを承知で売り出す人がいるのです。それは、プロの機関投資家です。

まず前提として知っておいてほしいことは、金利と債券価格の関係です。金利が上がると、市場での債券価格が下がります。逆に、金利が下がると、市場での債券価格が上がります。

- ✓金利が上がると、既発債券の価格が下がる。
- ✓金利が下がると、既発債券の価格が上がる。

プロの機関投資家には、自分が持っている債券の評価額がある基準値よりも下がると、売りに出さないといけないという社内運用ルールがあります。損切りするタイミングは非常に難しいので、あらかじめ基準値を決めておき、その基準に達すると売らなければいけなくなるのです。

また、社内運用ルール以外でも、お客様からの解約であれば損をしてでも売却して換金しないといけません。保険商品にたとえれば、外貨建て保険で謳われている市場価格調整と言われるもので、実質的にお客様が、その損を負うわけです。

買い手のほうは、その時点で新発債券を購入してもいいのですが、先ほども述べたとおり、新発債券は販売期間があるため、買いたいときに売り出されていないという問題があります。既発債券でも、先の例のように1年で97万円が102万円になるので、年利は約5%になり、同じ利回りになります（5万円÷97万円×100≒5%）。

プロが使う税金面のコツ

初心者の方には知られていないコツがあります。それは、**「既発債券」**で**「低金利」**、かつ**「価格が100%を大きく下回るもの」を狙う**ということです。

税金面ですが、利息は特定口座（源泉徴収あり）で受け取り通貨の20・315%相当額を源泉徴収されます。つまり金利が低い方が源泉徴収される額も低くなります。

また、満期償還時に、償還差益があれば20・３１５％を源泉徴収されます。償還差益があるのは次のような場合です。

●（償還時と購入時の為替レートは変わらずとも）購入価格が97％などのアンダーパー（パー＝１００％を下回る債券をこう呼びます）であった場合

●円換算した償還額が購入時の円換算額を上回る＝利益が出る場合

しかし、その後円高になれば、ある程度利益が出たとしても、円換算するとゼロかマイナスになることがあります。その場合は、源泉徴収で税金を取られることがないので、米ドル建て１００％で償還されます。

例えば、1ドル＝１４０円のときに1万ドルのアメリカの1年物国債（金利５％）を債券価格90％で購入したとします。支払ったのは９０００ドル（＝１２６万円）です。償還まで1年間保有すれば、最終的に1万ドルが償還され、金利５００ドルを手にします。合計1万５００ドルですね。

もしそのとき、国債を購入したときと同じ1ドル＝１４０円だったら、金利の５００ドルは米ドルで20・３１５％を源泉徴収され、金利３９８・42ドル（あくまで円換算＝5万5778円）を受け取り、これで完結します。償還1万ドル＝140万円ですね。つまり、126万円が140万円になったわけですから、利益分の14万円に源泉徴収税がかかります。具体的には、14万円×20・315%≒2万8400円が引かれるわけです。

一方、もし1年後に1ドル＝90円になっていたらどうでしょう。まず金利の500ドルは先ほどと同様米ドルで398・42ドル（あくまで円換算＝3万5857円）受け取りで完結し、償還1万ドル＝90万円ですから、国債を購入したときから見れば、マイナスになっています（126万円が90万円になりました）。この場合、利益が出ていないので、償還差益としての税金を取られることはありません。

円で考えると利益が出ていないので、まるで損をしたように思うかもしれませんが、実はそうではありません。なぜなら、9000ドルが1万ドルになっているからです。

ドルで考えれば利益が出ているのです。にもかかわらず、税金が取られない。これほど素晴らしいことはないのではないでしょうか。この場合、ドルを円に替えずに、ドルのまま資産形成をすればいいのです。

為替が円高に動けばの話ですが、投資を始めたときの期待利回り以上に資産形成

できる大きなチャンスとなります。現在のような歴史的な円安局面で米ドル建て債券を購入し、満期償還時に円高に動いたなら、米ドル資産形成にはありがたい成果となります。つまり、個人投資家である買い手にとっては、非常にメリットのある状況です（ただし、もちろんですが、購入時よりも円安になり償還差益が出た場合には源泉徴収されます）。

債券マーケットは「利回り」で動くため、この事実を知らない投資家は「利回り」だけで売買を決断します。しかし、アメリカの金利が上がっている現在、アメリカの既発債券は過去の低金利時代に発行されたものですから、「金利が上がると債券価格が下がる」の理論どおり、低金利（利率）で債券価格が１００％未満、しかも大きく１００％を下回るものが多く存在しています。だからこそ、ドル建て債券をおすすめしているのです。

現に私自身も、機関投資家が仕方なく売り出した債券を常に狙っていますが、本書で多くの方に周知されると、私のおすすめ米ドル建て債券が売り切れになってしまうかもしれませんね。

注意点としては、金利と満期償還の受け取り通貨を外貨（米ドル）に設定すること。デフォルトが円であるため、そうしておかないと自分の意思に関係なく、受け取り時の為替レートで交換されてしまいます。

✔既発の米ドル建て債券は
「金利（利率）ができるだけ低い」「価格が１００％を大きく下回る」ものが狙い目。

日本企業のドル建て社債もある

ドル建ての債券として、アメリカの国債から始めることをすすめていますが、ドル建ての社債も狙い目です。社債とは、企業が発行する有価証券でしたね。企業の信用力は国よりも劣るため、リスクはありますが、その分、金利（利回り）が高くなる傾向にあります。

例えば、アメリカの10年物国債の金利（利回り）が４％くらいだったとすると、社債だと同じ10年という期間で5・5％くらいの金利（利回り）のものがあります。リスクが高い分、リターンも大きいわけです。

ただし、国と同じくらい信用力が高い企業、例えばアップルやアマゾンといった企業の社債は、国債と同じくらいの金利（利回り）しかつきません。あくまでも借り手の信用力による、ということです。

ですから、その企業を信用できるかどうかが重要になってくるわけですが、アメリカの企業のこと、みなさんはご存じでしょうか。有名な企業であれば、名前くらいは聞いたことがあるかもしれませんが、そういった大企業であれば、わざわざ社債を購入する必要はありません。同じくらいの金利（利回り）であれば、国債でいいと思います。

国債ではなくわざわざ社債に手を出すわけですから、国債以上の旨味を得たいところ。大手企業以外のアメリカ企業のことがよくわからないのであれば、日本の企業の社債を狙うのがおすすめです。

日本の企業のドル建て社債も購入することができるのです。というのも、日本のグローバル企業は、円だけではなくドルや他通貨でも資金を集めたいからです。トヨタ、ホンダ、武田薬品といった企業のドル建て社債もあります。ちなみに、米ドル建てだけでなく、ユーロ建てやオーストラリアドル建てなどもあります。

私の手の内を明かしますと、「日本の銀行とグローバル企業のドル建て社債」をたくさん保有しています。日本では、例えば、三菱ＵＦＪ銀行や三井住友銀行、トヨタといった企業は非常に信用力があります。10年くらいで倒産することはなさそうだと、肌感覚で知っています。ところが世界では、特に日本の銀行はそれほど高く評価されていません。ジャパンプレミアムと言われる上乗せ金利が必要で、高い金利でないと米ドル建てで資金調達ができないのです。

✔日本企業のドル建て社債は、アメリカの国債よりも金利が高い。

円建ての債券は？

一方、日本円での債券はどうでしょうか。

２０２３年は日本の金利も上がる方向に進むことは間違いないと思います。そもそも7年以上もマイナス金利でしたから、これ以上下がることはないでしょう。インフレが継続しているにもかかわらず、いまだにマイナス金利政策を実施しているのは、世界でも日本だけですから。

第2章で詳しく述べましたが、みなさんも実感されているように物価が上昇してきました。賃金も上がってきています。ですので、次は金利です。金利が上がる番が来たわけです（本書を読まれているころにはすでに上がっているかもしれません）。**日本の金利が上がってきたら、日本円の社債も買いどきになります。**社債も普通に証券会社から購入できるのですが、証券会社によって扱っている社債が異なります。株は、証券取引所を通して売買されるため、どの証券会社でも購入することができるのですが、社債はそうではないのです。

社債は店頭取引と言い、企業が発行した社債を一旦、証券会社が買い取ります。証券会社は、その買い取った社債を機関投資家や個人投資家らに販売するのです。ですから、例えば、ＳＢＩ証券で売られている社債と楽天証券で売られている社債とでは、銘柄や数が同じではないのです。

どこの証券会社がどの社債を扱っているかは、ウェブサイトで確認する必要があります。口座を持っていなくても見ることができますので、これから口座を開設しようと思っている人は、証券会社選びの参考にしてもらえたらと思います。ちなみに国債についてはほとんどの大手証券会社で扱っていて、それほど大差はありません。

21/24

Use interest rates to grow your wealth.

金利が下がったら、持っている債券を売る。

金利が下がった場合、債券はどうなる？

今度は、金利が下がった場合を考えてみましょう。
１００万円で金利（利率）５％の２年物国債（新発債券）を購入したとしましょう。そのまま持っていれば、２年後に１００万円が返ってきて（償還されて）、金利分の５万円×２年分の10万円がもらえます。つまり、投資した１００万円は、２年後に１１０万円になるわけです。

ところが、例えば1年後に、市場金利（利回り）が２％になったとします。新発債券の金利（利回り）が２％になった、ということですね。あなたが持っている金利５％の国債を売りに出せば、買いたいという投資家がいます。なぜなら、市場には２％の国債しかなく、しかも売りに出されていないケースもあるからです。こういう状況では、金利５％の残存1年物国債を少し割高で売りに出すことができます。１００万円の国債に年利回り３％相当分を上乗せして、１０３万円で売りに出せるのです。

その結果、売り手と買い手は、次のようになります。

図18

債券価格の決まり方(市場金利が下がる場合:デフレ時)

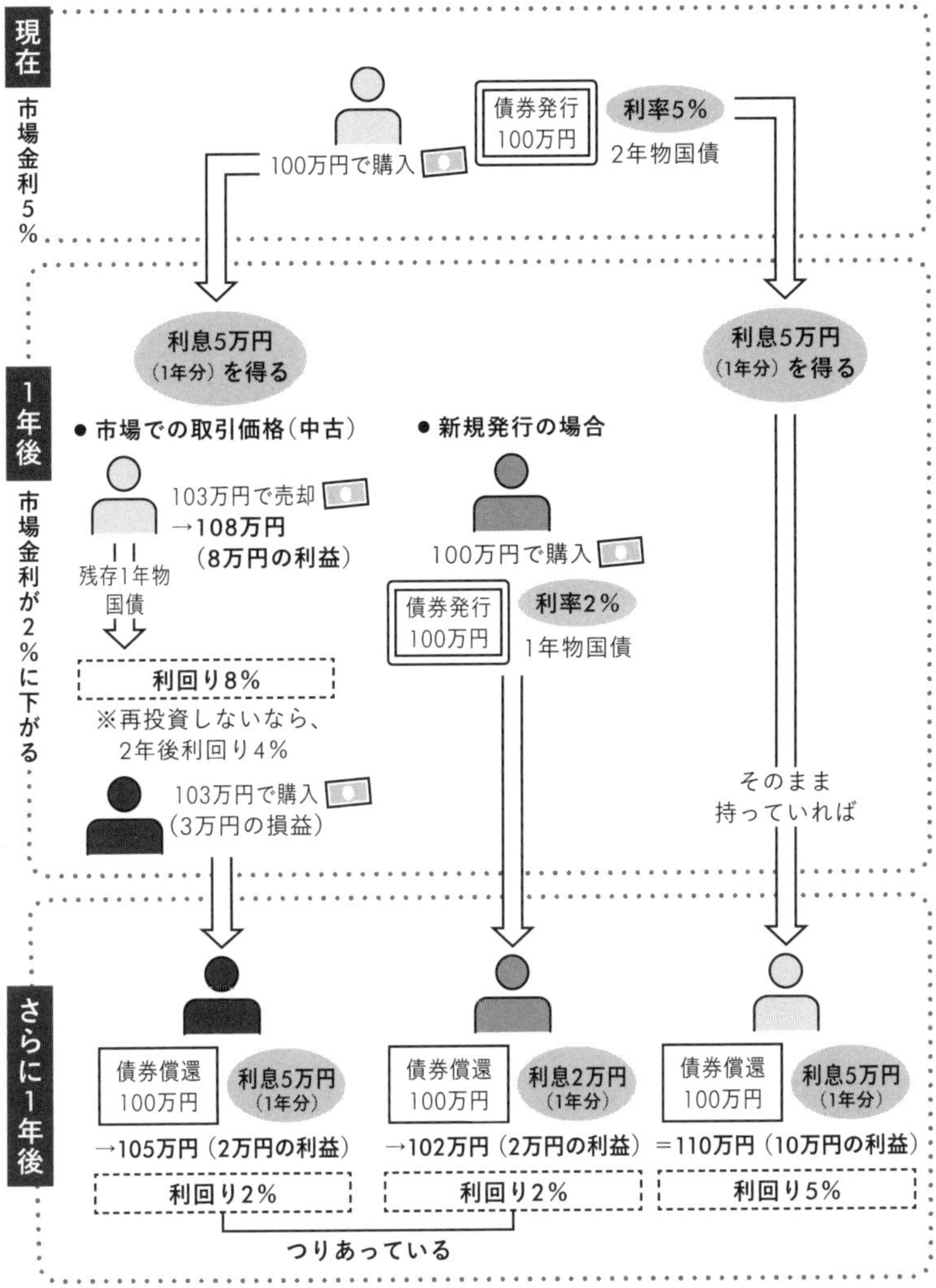

21

金利が下がったら、持っている債券を売る。

売り手……１００万円を投資して、（1年後に）売却した１０３万円と1年分の金利５万円を手に入れる（１００万円→１０８万円）

買い手……１０３万円で国債を購入して、（1年後に）１００万円と金利５万円を手に入れる（１０３万円→１０５万円）

売り手は1年で１０８万円を得るので年利は8％になり、かなりお得になります。ただし、あくまで1年間の運用結果であり、その後1年間何かに再投資しなければ、2年で見たときの年利は4％と、当初の年利５％からは目減りすることになります。再投資することまで考えないのであれば、満期償還まで待つほうが得策です。再投資を考えて、売った後、さらに金利が上がると判断し、そのタイミングがきたときにさらに高い金利（利回り）の債券を買う（乗り換える）ことができれば、あなたはもうプロです！

一方、一見すると買い手は損をしているように見えるかもしれませんが、期間が1年というところがポイントです。年利に直すと、金利５％から（余分に購入した３万円に相当する）３％を引いた、約２％（（１０５万円－１０３万円）÷１０３）の金利を享受できたことになるのです。

初心者は、このケースのように無理に売る必要はありません。償還期間まで保有しておくのがいいと思います。しかし、自分のポートフォリオ（投資信託、株式など）から、どの有価証券を売ればお得に換金できるかを知っておけば、例えばお金が必要になったとき、自分で選べるようになります。満期償還まで待つか、途中で売るか、プロと同じような判断ができるようになるわけです。

ですから、次のように言えます。

- ✔金利が下がったら、持っている債券を売る。
- ✔ただし再投資しないなら、債券はそのまま保有。

米ドル建ての既発債券を買う場合、取引金額は１０００ドルか２０００ドル（１ドル＝１３０円だとすると、13万円か26万円）単位のものが多く、中には1万ドル（＝１３０万円）のものもありますので、買うチャンスを見越して、少しずつ米ドル建て資金の蓄えを増やしておいてほしいと思います。

22/24

金利が下がったら、株式を買う。

Use interest rates to grow your wealth.

株式と債券は反対の動きをする

次に株式を見ていきましょう。
第1章で見た、金利と株価の関係を復習しておきます。

- ✔金利が上がると、株価は下がる。
- ✔金利が下がると、株価は上がる。

つまり、金利が下がったら、株式に手を出すのがいい、ということですね。世の中が不景気になれば、中央銀行（日本の場合は日銀）が政策金利を下げて景気を回復させようとします。

金利が下がれば、企業は資金を借りやすくなるので、設備投資などにお金を使うようになります。また個人では、住宅ローンを組みやすくなりますので、戸建てやマンションの販売が伸びます。前にも述べましたが、住宅の販売が伸びると、多くの企業の業績が良くなっていきます。

このように考えると、中央銀行が政策金利を下げ始めたら、今後、景気が回復する（株価が上がる）サインだと解釈してもいいでしょう。なぜなら、市場はそのときにはすでに景気後退を想定して、株価は低迷しているはずですから、金融政策の転換期は、株式に投資をするタイミングになるのです。

一方、金利が上がったら株価が下がる方向に変わるわけですから、もし売りどきを考えているのであれば、持っている株式を手放してもいいタイミングになると思います。

ただし、何度もお伝えしてきたように、日本は7年以上にわたり異常な状態の金融政策が続いていますので、たとえ金利が上がったとしてもこのサインにはなりません。異次元緩和と言われる異常事態から通常に戻っただけだからです。正常な状態に戻った後は、このサイクルで投資先の選択ができるようになると思います。

債券と株式の関係を考えると、以下のとおりになります。

✔金利が上がったら、株式を売って、債券を買う。
✔金利が下がったら、債券を売って、株式を買う。

このように、株式と債券はほぼ相反する動きをすることが多いのです。１４４ページの図14でＧＰＩＦのポートフォリオを見てもらいましたが、株式と債券の割合は50％ずつでした。なぜ半々にしているか、もうおわかりですね。

分散投資の第一の目的は、リスク回避です。金利が上がろうが、金利が下がろうが、どちらに進んだとしても大きな損益にならないようにポートフォリオを組んでいるわけです。さらに言えば、為替のリスクを回避するため、円建てと外貨建てを半分ずつ、つまり、国内株式25％、外国株式25％、国内債券25％、外国債券25％になっています。

金利が下がったときに買うべき投資信託

金利が下がれば株価が上がる（景気が良くなる）とは言うものの、それは経済全体での話です。個別の企業で見れば、業績が良くなる企業もあれば、そうでもない企業もあります。その判断はプロでも難しいのが実情です。

そこで登場するのが、投資信託です。**例えば、アメリカの場合であれば、S&P500に連動したインデックスファンドがおすすめです。**S&P500とは、アメリカの主要な株価指数で、ニューヨーク証券取引所やNASDAQに上場している代表的な500銘柄の時価総額から算出されています。日本で言うところの日経平均株価のようなものです。インデックスとは指数のことで、ファンドは投資信託のこと。つまり、S&P500というインデックスに連動した投資信託ということですね。

今のアメリカは、金利がほぼ上がり切っている状況です。この状態がいつまで続くかはわかりませんが、いずれ金利が下がるタイミングが来るはずです。そのときが外国株式を持つ好機になります。

一方、日本の金融政策が正常に戻り金利が上がった後、再び日本の金利が下がり始めたときは、日経平均株価（インデックス）に連動した投資信託（ファンド）がいいでしょう。日経平均株価が上がれば、ファンドの株価も上がるようにポートフォリオが構成されています。

これまでに何度も述べましたが、アベノミクスが打ち出されたときの日経平均株価は８５００円程度でした。その後、ゼロ金利政策を実施し、さらにマイナス金利政策を実行し（金利が下がり）、日経平均株価は3倍以上まで上昇しました。まさに、「金利が下がったら株価が上がる」のとおりですね。もし当時１００万円を日経平均株価に連動したインデックスファンドに投資していたら、３００万円以上になっていたわけです。

２０２３年度、日本の金利は上がる時期ですから、今は株式に手を出すタイミングではありませんが、今後の動向に注目していただきたいと思います。具体的には、金利が上がったら株価（日経平均株価）が下がるのかを確認してみてください（ただ、これまで異常な金融政策によって形成されてきた市場ですので、金利がある程度上がってもモノが売れるようであれば、日本株は上がるかもしれません）。

円高のときにアメリカの株を買い、円安になったら売る

外国株式を保有する場合、どうしても為替の影響を受けてしまいます。例えば、１ドル＝１５０円のときに買い、その後、１ドル＝１１０円になったら、株価の上昇によるプラスは相殺されてしまいます。

基本は、円高のときに外国株式を買うこと。もし売りどきを考えているのであれば、円安のタイミングで売ることも考えてください。

円安がピークアウトし円高に向かうタイミングは、アメリカと日本の金利差が縮まるタイミングでしたね。一時的な為替の動きではなく、アメリカと日本の金利を見て、全体的な為替の流れを摑んでいただきたいと思います。

23/24

Use interest rates to grow your wealth.

不動産に投資するなら、現物より金利の影響を受けにくい不動産投資信託（REIT《リート》）。

現物の不動産を買うデメリット

不動産投資を考えている方もいらっしゃるかもしれません。過去には、それなりの資産を築くための方法として、マンション経営が最も推奨された時代もありました。

しかしながら、現在の状況を見ますと、それほど簡単ではありません。例えば、駅に近い物件を中古で購入して、ある程度自分で管理するのであれば（手数料がかからないので）、勝算はあると思います。だいたい5〜6％くらいの金利（投資利回り）を確保できると言われています。

ただし、現物の不動産を持つことには、三つのデメリットがあります。

一つは、投資用不動産融資を受ける場合、変動金利でしか借りられないこと。マンション経営は事業ですから、ほとんどの場合で変動金利になるのです。現金で購入できるような人であれば問題ありませんが、多くの人はローンを組まざるを得ないと思います。

市場金利が上がれば、投資用不動産融資の変動金利も上がります。上昇した分を家賃に反映したいところですが、賃借契約は基本的に2年間ですので、即座に家賃を上げることができません。どのくらい金利が上がるかにもよりますが、急激に上がった場合は地獄が待っています。また、家賃を大幅に上げると空室率が上がる可能性も高まります。

二つ目のデメリットは、売りたいときにすぐに売れないこと。三つ目は、たとえ売れたとしても諸経費がかなりかかることです。

あなたが売りたいと思ったとしても、その物件を購入してくれる人がいなければ、売ることができません。また、買ってくれる人を見つけても、不動産仲介業者に約3％強の手数料を支払わないといけないのです。さらに、物件売却で利益が出れば不動産譲渡益（譲渡所得）を確定申告する必要もあります。

つまり、現物の不動産は、流動性も換金性も非常に悪く手間もかかるということですね。

不動産投資信託ＲＥＩＴ（リート）とは

そこでおすすめなのが、現物を持たない不動産投資です。投資信託には、ＥＴＦ（Exchange Traded Funds）と呼ばれる「上場投資信託」というものがあります。ＥＴＦは、株式で紹介したインデックスファンドと同じように、Ｓ＆Ｐ５００や日経平均株価、東証株価指数（ＴＯＰＩＸ）などの指数に連動するように運用されているものがあるのですが、そのファンド自体が取引所に上場しているため、まるで投資信託を株式と同じようにリアルタイムで取引できます。

また、不動産に特化したＪ－ＲＥＩＴ（Japan Real Estate Investment Trust）と呼ばれる上場不動産投資信託があります。

そもそもＲＥＩＴとは、投資家から資金を集めて不動産に投資し、そこで得た収入（賃貸料収入や不動産の売買による利益など）の９０％以上を投資家に分配するなど一定要件を満たすことで、実質的に法人税がかからない仕組みになっている高利回りの投資商品です。実際に不動産を持たなくても、不動産に投資できるので、分散投資の一環として人気があります。

例えば、森ビルの資産運用には、森ヒルズリート投資法人という会社のような形態をとっている組織があります。森ビルが経営しているテナントビルの賃貸料を投資家に分配（配当）しているのですが、森ヒルズリート投資法人が発行する投資証券が上場されているので、株式の一種としてその投資証券を売買することができます。

表面的には株式を購入しているのと同じですが、実際は不動産に投資したのと同じ効果があります。他の株価のように変動は激しくなく、だいたい４～５％の金利（利回り）で配当金が入ってきます。

不動産投資をしたいという方には、私はまずＪ－ＲＥＩＴをおすすめしています。

不動産と金利の関係

金利が上がると、世の中の景気と同様、不動産業界も景気が悪くなります。一般的には、金利が上がると不動産関連の株価は下がり、金利が下がると不動産関連の株価は上がります。

ところが、Ｊ－ＲＥＩＴは投資家から集めたお金で不動産を購入したり、マンションを建設したりします。そこから得られた賃貸料を投資家に配当金として分配するものです。目標とする金額を集められなかった場合などは、銀行からお金を借りることもありますが、それも一部だけですから、あまり金利に左右されることはありません。

金利の変動に影響を受けにくい、安定した投資先と言えます。株式や債券とはまた別の動きをするので、分配投資の中に組み込む方が多くいらっしゃいます。

197　不動産に投資するなら、現物より金利の影響を受けにくい不動産投資信託(REIT)。

ただし、誰にも想像できなかった新型コロナウイルス感染症のパンデミックが発生し、その後のコロナ禍でリモートワークが増え、オフィスを縮小する動きがあまりにも増えてしまったときには、空室率が上がると想定され、株価が下落することがあった点は注意書きしておきます。

✓REITは、金利の影響を受けにくい。

金利に左右されにくいとはいえ、J-REITは株式の一種でもあるので、やはり金利が下がったときが買いどきではあります。一般的に、今のような金利が低い間はずっと人気です。今後、金利が大幅に上がってくると、売られることもあるかもしれません。

また、増資（新たに投資証券を発行し、投資家から資金を調達すること）をすることがあり、投資証券発行総数が増える＝一単位の価値が落ちる（希薄化：ダイリューションと言います）＝株価が下がる可能性を秘めている点も覚えておいてください。

不動産については、最初は国内のものだけでいいと思います。というのも、海外の不動産事情はよくわからないからです。日本にいるならば、東京の虎ノ門ヒルズや福岡のキャナルシティ博多など、旅行や出張のついでに見に行くこともできます。またニュースでも耳にする機会が多くあります。しかし、海外の物件については、そういう情報に疎いのが実情ではないでしょうか。

よくわからないものには投資しない。それが鉄則です。

Ｊ－ＲＥＩＴの取引には株式と同様の売買手数料がかかりますが、昨今、株式売買手数料の引き下げ競争が激化しており相当安価になっています。一方、上場していないＲＥＩＴもありますが、これらを購入する場合、インデックスファンドよりも手数料が高いことが多いです。インデックスファンドは、ほとんど人の手がかかっていないので手数料をほぼ０円にできるのですが、ＲＥＩＴは国内外の不動産や他のＲＥＩＴを購入したりなど、人が動いています。その分、手数料が高くなるのは当然です。

また、インデックスファンドであれば、資金はいくら集めてもいいのですが、ＲＥＩＴは異なります。ある不動産物件を購入して建設するのに３００億円が必要なところ、それ以上の金額、例えば５００億円も集まると逆に困ってしまいます。賃貸料を稼いで、それをきちんと投資家に分配したいのに、必要以上に多くの人が投資してしまうと、それによって配当金が少なくなってしまうからです。

このように、ＲＥＩＴは目標金額が決められており、手数料が高いという特徴があります。それでも安定した投資先ですので、債券と株式を持っていて、さらに不動産にも投資したいと考えている方は、まずは国内のＪ－ＲＥＩＴから始めるといいと思います。

24/24

市場金利に動きがあったら、リバランスを考える。

Use interest rates to grow your wealth.

ポートフォリオを見直すタイミング

資産を築いていくためには、必ずリバランスをしなければいけません。

リバランスとは、資産を構成するポートフォリオを見直して、資産を再分配すること。例えば、ＧＰＩＦのポートフォリオは、国内株式25％、海外株式25％、国内債券25％、海外債券25％でしたね。ところが、しばらく放っておくと、その評価上の割合は25％ずつではなくなってしまいます。ですから定期的にポートフォリオを見直して、再び25％ずつになるように再構成し直すのです。

みなさんも定期的にリバランスをしていただきたいのですが（基本的には1年に一度、また特定の投資対象が継続して値上がり、もしくは値下がりしたときにも）、金融政策が変わったとき、つまり金利が上がり始めたとき、もしくは下がり始めたときもリバランスを考えるタイミングです。

ここ10年ほどは、日本の金融政策は変わっていませんでしたので、アメリカの金融政策を見ておけば大丈夫でした。

復習になりますが、金利が上がったら、株式を売って債券を買うのが常套手段でしたね。逆に金利が下がったら、債券を売って株式を買うのでした。

- アメリカの金利が上がったら、外国株式を売って、外国債券を買う。
- アメリカの金利が下がったら、外国債券を売って、外国株式を買う。

日本の場合も同じです。今後は金利が上がる可能性がありますので、日銀の金融政策決定会合を注視してください。

- 日本の金利が上がったら、国内株式を売って、国内債券を買う。
- 日本の金利が下がったら、国内債券を売って、国内株式を買う。

為替の変動によって資産を移動させ、新規資金を入れる

もう一つ、アメリカと日本の金利差が広がり始めたとき、縮まり始めたときも、リバランスを考えるタイミングです。為替レートが変われば、円資産とドル資産の評価割合が変わってしまっている可能性が高いからです。

- ✔アメリカとの金利差の縮小がピークを迎え、広がり始めたら、円資産からドル資産に替える。
- ✔アメリカとの金利差の拡大がピークを迎え、縮まり始めたら、ドル資産から円資産に替える。

例えば、私は1ドル＝１４５円まで上がり、アメリカの政策金利の上昇率が落ち着いたと見込んだ段階で、ドル資産の一部を円資産に替えました。金利差の拡大は

打ち止めになり、その後金利差が縮まり、円安もピークアウトすると思ったからです。そのときに売却した私のドル資産の多くが、1ドル＝１１０円以下のときに交換したものでしたので、大きな利益が出ました。ただ、その後、1ドル＝１５２円寸前まで行くとは予想しませんでしたが。

今後、円高が進んでいき、1ドル＝１００円くらいになれば、再びドルを買い戻し、ドル資産を増やしていく予定です。

当然ながら、ピークのとき、もしくは底のときに買ったり売ったりするのが理想的なのですが、それがいつかを判断するのは難しいですよね。どこまで円高になるのかわからないので、1ドル＝１００円のときにドル資産に替えるべきなのか、もう少し待てば1ドル＝90円くらいにまでなるのか、非常に頭を悩ませると思います。

株価で言えば、最安値で買って、最高値で売ることが理想です。でも、それを予想するのはプロでさえも難しいので、株価が最安値から上がり始めたときに買って、最高値から下がり始めたときに売る。これを投資用語で「順張り」と言いますが、確実に勝つためには「順張り」が一番なのです。

為替も同じです。円高から円安に動き出したとき、すなわち金利差が広がり始めたときに、円資産からドル資産に替える。逆に、円安から円高に動き出したとき、すなわち金利差が縮まり始めたときに、ドル資産から円資産に替える。

予測はせずに、金利がどうなったかという結果を見て判断すればいいということですね。

ここまで、全体的な資産運用の話をしてきました。当たり前のことですが、個人個人によって投資の考え方や方法は変わってきます。家族構成、収入、住んでいる地域、お金の使い途など、その人にあった投資方法があります。

本書では、金利を見ることによって、何を、いつ買うべきか、売るべきか、これから投資を始める人、すでに投資している人が、売買するタイミングの考え方について伝えてきました。

すべてのケースについて述べることはできませんが、年齢や家族構成ごとに、いくつかの典型的なケースについて、この後の付録で簡単に触れていきたいと思います。

ご自身の資産形成、資産運用の参考にしてみてください。

付録

資産形成のモデルケース

Let's try it out!

ここからは、「金利を使って資産を増やす具体的な方法」を、ケースごとにお伝えしていきます。

まずは貯蓄を増やすのが第一です。その後、無理をせず段階を踏んで投資を始めましょう。

米ドル資産を持つ方法も記していますので、ぜひ参考にしてみてください。

ケース① 投資初心者で貯金30万円の25歳→２０９ページ

ケース② 結婚したばかりで、将来は子どもと家が欲しい夫婦→２２６ページ

ケース③ マンション購入を検討中、貯金８００万円の40代→２３６ページ

ケース④ 子どもが「中学受験をしたい」と言い出した４人家族→２４１ページ

ケース⑤ 生涯ひとりで楽しく暮らしたい40歳→２４９ページ

資産形成のモデルケース①

投資初心者で貯金30万円の25歳

Aさん

東京都内で一人暮らし。25歳。
ベンチャー企業勤務。年収550万円。貯金30万円。

現在は収入が多いですが、なかなか貯金が貯まりません。また、勤めている会社には退職金制度がないので、将来が不安です。私のように貯金が少ない場合、どのように資産を形成していけばいいでしょうか？

POINT

- ✓まず貯金。手持ちが増えたら円とドルで債券を持つ
- ✓コアとサテライトを分けて投資する

月々貯められる額を計算する

ファイナンシャル・プランナーの立場としては、貯金をすべて資産運用にまわすようなリスクは取らないようにお願いしています。緊急事態でお金が必要になることがあるからです。病気や事故もありますし、結婚式や葬式など、臨時でお金が必要になることもあります。全財産を投資に使うべきではないでしょう。

ですから、Ａさんはすぐに投資に手を出すよりは、最初の1〜2年は貯蓄をしっかりとしてほしいと思います。

Ａさんの場合、年間でどのくらい貯蓄にまわすことができるでしょうか。

社会保険料、所得税、住民税などを控除すると、手取りは420万円くらいになります。家賃を東京都内の家賃相場平均である9万円とすると、1カ月の支出は、約21万円。年間の支出総額は、（21万円×12カ月＝）252万円になります。

1カ月の支出は、総務省統計局の「家計調査家計収支単身世帯：男女、年齢階級別1世帯当たりの1カ月間収入と支出」調査を参考にしました（34歳までは、男性11万8537円、女性12万4271円。35〜59歳は、男性17万1138円、女性14万7061円、すべて家賃を除いた額）。

手取り420万円から252万円を引くと、168万円が残ります。趣味や旅行などの費用として余裕を持って48万円（毎月4万円）を取っておくと、資産形成に120万円も使うことができます。月10万円も貯めることができるはずです。実際の支出との差がある場合は、貯蓄額を増減してください。大切なことは、手取りから優先して貯蓄にまわすこと。給料日には貯蓄分を別の口座に移し分別管理できるといいですね。

投資はコアとサテライトを分ける

投資は、コア部分とサテライト部分を分けて考えることが大事です。特にコア部分では投資の基本である、長期・積立・分散を意識した投資をします。

Aさんの場合、次のように考えました。

コア部分 iDeCoで確実に老後資金を蓄える

サテライト部分 最初は貯蓄し、NISA*や一般投資で積極的に投資する

*NISAについては219ページで説明します。

コア部分はiDeCoで確実に

コア部分についてですが、月10万円のうち2万円をiDeCo（イデコ）で積み立て、将来の老後資金を構築しましょう。

iDeCoは個人型確定拠出年金と呼ばれているもので、自分で運用する年金制度です。資産が引き出せるのは60歳以降になりますが、将来年金として毎月受け取る方法以外に、退職金のように一時金としても受け取れます。ベンチャー企業には退職金制度がないところもあり、Aさんもそのことで不安を抱えているようですので、自分で退職金を積み立てていくのがいいでしょう。

企業年金のない会社員の場合、掛け金の上限は月2万3000円で（年間27万6000円まで）、掛け金は全額が所得控除になり、また運用益も非課税になります。ちなみに個人事業主やフリーランスの方は、掛け金の上限は月額6万8000円となっています。年金加入区分により掛け金上限が異なりますので、ぜひ公式サイトなどでお調べになってみてください。

ただし、iDeCoで運用できるのは大きく分けて2種類で、ある程度のリスクを取り運用をプロに任せる投資信託（第3章参照）と、元本が保証される定期預金や年金保険（契約期間の途中で解約すると元本割れすることもあります）商品のみです。あくまでも老後の年金や退職金として受け取れるお金ですから、リスクの取り方をよく考えて投資商品を選びましょう。

❶より堅実に資産形成をする場合

まず、確実に資金を貯めていきたい方におすすめなのが、**年金保険**という運用商品です。分散投資にはならず、また金利（利息）は０・１％しかありませんが、毎年、（所得税２万４５００円＋住民税２万４０００円＝）合計４万８５００円を節税できます（Aさんの場合）。仮に今後も収入は変わらず、将来の家族の扶養控除などを考慮しない場合、25歳から60歳まで積み立てを続けると、35年間ですので、総額（４万８５００円×35年＝）１６９万７５００円、つまり１７０万円近くも節税効果を享受できるのです（口座管理手数料*など考慮なし）。

*口座管理手数料は国民年金基金連合会などに対して、加入時に２８２９円、以降、毎月１７１円（年間２０５２円）がかかります。これとは別枠で金融機関ごとに異なりますが０～５００円程度かかりますので、口座開設の際は金融機関を慎重に選びましょう。とはいえ節税効果を考えると微々たるものですから、iDeCo制度は大変お得です。以降のシミュレーションも口座管理手数料は考慮していません。

35年後（60歳）の運用シミュレーション

積立元本……毎月2万円×12カ月×35年＝**840万円**
金利（利息）による運用益……約**15万円**
節税総額……約**170万円**
総額（35年後）……840万円＋15万円＋170万円＝**1025万円**

運用益は計算が難しいため、コンピューターに計算してもらいましょう。「資産運用　シミュレーション」で検索すると、いくつものウェブサイトが出てきます。

私はよくこちらのサイトを使っています。

「ろうきん　iDeCoシミュレーション」（https://www.wam.abic.co.jp/contents/C642999/dcsimu/top.html）　iDeCoによる節税額や運用益が計算できます。

「Casio計算機　お金の計算（積立計算）」（https://keisan.casio.jp/exec/system/1254840095）

iDeCoの他にもいろいろなお金の計算が可能です。

貯蓄も何もせずに浪費している場合に比べて、約1025万円も違いが生まれることを知っていただけたらと思います。

❷金利を見ながら資産形成をする場合

もう少しリスクを取って、iDeCoの投資先として株式より比較的値動きが安定した外国債券の投資信託を選んだ場合を考えてみましょう。

例えば、「eMAXIS Slim 先進国債券インデックス（5年間トータルリターン年率2・88％、年間信託報酬0・15％）」という商品に投資したとします。運用利回り2・73％（年複利で簡易的に運用利回りから年間信託報酬を控除した数値を基に計算。以降も同じ）で5年間運用した場合、積み立てた元本は（2万円×12カ月×5年＝）120万円、運用益は8万6000円になります。合計すると、5年後には（30歳のころには）128万6000円になっています。5年間の節税額は、（4万8500円×5年＝）24万2500円です。

5年後、市場の金利を見極めてリバランスをしたとします。例えば、物価が上昇して（インフレになって）、政策金利と長期金利が上昇した場合は、より金利（運用利回り）が高い債券の投資信託に変更します。

逆に、物価が下がって（デフレになって）、政策金利や長期金利が下がっている場合は、そのまま継続するか、もしくは株式型の投資信託に変更することも考えていいかと思います。分散投資を意識して債券型と株式型5：5でもいいでしょう。REIT（195ページ）なども検討してみると、さらにいいですね。

ここでは、そのまま金利（運用利回り／信託報酬控除後）2・73％のまま、35年間運用した場合の結果を示しておきます。

35年後（60歳） の運用シミュレーション

積立元本……………毎月2万円×12カ月×35年＝**840万円**
金利（利息）による運用益……約**558万円**
節税総額……………約**170万円**
総額（35年後）……………840万円＋558万円＋170万円＝**1568万円**

年金保険の場合よりも、543万円ほど多く資産を築くことができました。

❸リスクを取って積極的に資産形成をする場合

分散投資も大切ですが、資産が少ない間は、私の経験上の運用成果から、基本的に債券を中心とした資産形成をおすすめしています。しかしながら、まだ若い人の場合は、リスクを取って積極的に資産を築いていく選択肢もあります。債券だけでは大幅に資産は増えませんので、その場合は株式の比率を上げなければいけません。

例えば、「eMAXIS Slim S&P500（3年トータルリターン年率21・96%、信託報酬0・0968%）」を選んだとします。これは今、日本で最も売れているＳ＆Ｐ５００に連動したインデックスファンドの一つで、実績の3年で検証すると次のような結果になります。

3年後の運用シミュレーション

積立元本　毎月2万円×12カ月×3年＝**72万円**

金利（利息）による運用益……約**27万4000円**

節税総額……4万8500円×3年＝**14万5500円**

総額（3年後）……72万円＋27万4000円＋14万5500円＝約**114万円**

元本が72万円だけにもかかわらず、3年で27万円以上も利益が出ます。ただし、リスクも高いことを理解してください。当然ながら、このまま35年間、この「eMAXIS Slim S&P500」で運用したとしても、約22%もの金利（運用利回り）が必ずつくわけではありません。ファンド価格だけでなく、為替の影響も大きく受けます。今後、アメリカの金利が下がる、日本の金利が上がるなど、アメリカと日本の金利差が小さくなると為替レートは円高に動き、この手の外国株式型ファンドの価格は下がる可能性が高まります。そのことを承知で、仮に10年間、約22％の金利（運用利回り）が成立したと仮定すると、運用益は約５２４万円にもなります。積立元本２４０万円と節税総額48・５万円を合計すると、約８１３万円になります。

ご自身の性格を鑑みて、金融マーケットの勉強を積み重ね、自信が持てたときに、自分自身の判断でこのような投資商品に目を向けることがベストです。

サテライト部分はリスクを取って積極的に投資する

ここまで、月10万円のうち2万円をコア部分としてｉＤｅＣｏで運用することを考えてきました。次は、残りの8万円について考えていきたいと思います。

まずは貯蓄でしたね。毎月8万円を貯金した場合、1年後には96万円になります。その場合、できる限り金利（利息）が高い普通預金口座で積み立てるといいでしょう。例えば、あおぞら銀行ネット専用銀行ＢＡＮＫでは、金利が０・２％という普通預金があります。すると、1年後には、積立元本＝96万円で、利息は８２５円（半年複利、20・３１５％源泉徴収後）になります（利息の計算も、先ほどの資産運用シミュレーションで計算できます）。大変少ないと思うでしょうが、他行の200倍です。

1年経てば、もともと持っていた30万円と合わせて、130万円近い金額になるので、サテライト部分として、もう少し積極的に投資できそうです。

まず利用したいのが、一般NISAです。通常の投資では運用益の20・315％を納税（源泉徴収）しないといけないのですが、**NISAを活用すれば運用益が非課税になる、つまり税金を払わなくていい**ので、必ず利用するようにしてください。

NISAとは、少額投資非課税制度のことで、今のところ、一般NISAは年間限度額120万円、非課税期間5年間となっています（つみたてNISAは、年間限度額40万円、非課税期間20年間）。毎年120万円分の投資が非課税の対象になるのですから、利用しない手はありません。しかも2024年には、新NISAが適用（現在のNISAと別枠で利用可）されることがほぼ決まっており、非課税期間が撤廃されて恒久化されます。また、限度額も増額される見込みで、年間360万円（生涯合計1800万円）程度になります。

この規模になりますと、もう新NISAのみで資産運用できそうですね。また一般NISAと新NISAは、iDeCoとは異なり、株も購入できます（もちろん投資信託も）。新NISAは1年間の投資対象が、つみたて枠120万円（金融庁が定めた条件を満たす投資信託とＥＴＦ）と成長枠２４０万円（上場株式、投資信託、ＥＴＦなど）に分けられる予定です。

ＳＴＥＰ１　ＮＩＳＡでＪ－ＲＥＩＴを購入する（非課税）

まずは分散投資の一環でＪ－ＲＥＩＴに目を向けます。投資初心者ですので、貯蓄１３０万円のうち、まずは50万円ほどから始めてみましょう。Ｊ－ＲＥＩＴはＮＩＳＡで購入できるので非課税です。

例えば、日本都市ファンド投資法人（証券コード８９５３）は、株式と同じように、どの証券会社でも買うことができます。株価が１口10万円程度ですので、５口で50万円の投資とします。Ｊ－ＲＥＩＴは株式と同じですので日々株価が変動しますが、仮に５年間、分配金利回りが４・50％だと仮定するとその運用益は（50万円×４・50％×５年＝）11万２５００円です。

5年後の運用シミュレーション

元本	50万円
運用益	11万2500円
総額	61万2500円

私はとくにこの銘柄をおすすめしているのではなく、あくまでも一般NISA（新NISA）の非課税メリットが享受できる例としてシミュレーションしてみたということをご理解ください。他にもっと良い商品があれば、そのほうがいいですから、常にどういう社債が売りに出されているか、注目するようにしていただけるといいかと思います。これは他の金融商品についても同じです。J-REITは他にも60銘柄以上あります。

STEP2　一般投資で国内債券を購入する（課税）

Aさんは投資初心者ですので、安全性を重視した債券がおすすめです。債券はNISAでは買えず課税になりますが、ぜひチャレンジしてみてください。

まずは国内債券として、日本円の社債に目を向けます。投資初心者ですので、貯蓄130万円のうち、まずは50万円ほどから始めてみましょう。

例えば、現在市場に出ている社債の中には、「ソフトバンク（金利2・84％、満期償還7年）」というものがあります。ソフトバンクの社債に50万円を投資した場合、満期償還時（7年後）までの運用益は、（50万円×2・84％×（100－20・315％）×7年＝）9万9400円です。

7年後 の運用シミュレーション

元本……**50万円**
運用益……**7万9205円**
総額……**57万9205円**

もう一つ、例を挙げておきます。「楽天カード（金利1・5%、満期償還5年）」の場合、同じく50万円を投資すれば、5年後の満期償還時には、（50万円×1・5%×（100－20・315%）×5年＝）3万7500円の運用利益が出ます。

5年後の運用シミュレーション

元本	50万円
運用益	2万9880円
総額	52万9880円

STEP3 一般投資で外国債券を購入する（課税）

少し投資に自信がついてきたら、外国債券（特に米ドル建て社債）にも投資してほしいところです。前述したとおり、米ドル建て社債と言っても、日本の企業の社債があります。ここでは、「三菱UFJファイナンシャル・グループ（金利3・961%、95・29%、満期償還5・3年、利回り4・99%）」に、5000ドル投資したとしましょう。

額面（投資額）では、（５０００ドル×95・29％＝）４７６４・５ドルになります（１ドル＝１３０円換算で、約62万円）。５・３年後の運用益（利息と償還差益）は、１０２４・04〜１０７１・89ドルになります。５・３年後の運用益（利息と償還差益）は、１０２４・04〜１０７１・89ドル（償還時の為替レートにより運用益は変動、１ドル＝１３０円で不変の場合は約13・３万〜約14万円）です。

５・３年後の運用シミュレーション

元本（額面の金額）…………４７６４・５ドル（１ドル＝１３０円で約62万円）

運用益（利息＋償還差益）……１０２４・04〜１０７１・89ドル

総額…………………５７８９・54〜５８３６・39ドル（１ドル＝１３０円で約75万２０００〜75万８０００円）

外国債券を購入するに際し、どの程度の利益が得られるのかを見やすくするため、便宜上円換算していますが、米ドル資産構築を主目的にするのであれば、満期償還後も為替レートを気にせず他の米ドル建て債券に再投資しやすくなります。

仮に、円建てで資産管理をしたい場合には、以下のように為替レートの損益分岐点を示すことができます。投資元本（約62万円）÷総額（5789・54～5836・39ドル）＝107・09～106・23円、つまり、このレベルの円高にならない限り、円建てでの評価損は出ません。投資時130円から仮に円高に動いても、その損益分岐点は107・09～106・23円ですから約23～24円の円高抵抗力が生まれる計算になります。

米ドル資産構築でインバウンド生活をする

株式とは異なり、債券は発行体（お金を借りている国や企業）が破綻しない限り確実に資産が増えます。そのメリットを活かし、さらに今後も米ドル建て債券で資産構築すれば、円高抵抗力はどんどん増していきます。あらゆる物資を輸入に頼る日本にとって、第2章でも述べたように基軸通貨である米ドルでインバウンド生活ができるようになる米ドル資産構築は大変大きな魅力となります。

安定運用を目指しながらも分散投資の見地から、課税対象となる一般投資になりますが、国内債券と外国債券の両方を持つといいでしょう。例えば貯金を始めて1年後に国内債券に投資し、2年後に外国債券を購入するのでもいいです。ある程度まとまった金額が貯まった時点で、日本とアメリカの金利のほうが高ければ外国債券を買い増すのがいいと思います。

投資に慣れて運用成果が安定してきたときにはコアに組み込み、サテライトではリスクを取り、株式型投資信託やＥＴＦなどにも挑戦してみてください。

20代の投資ポートフォリオ（１４７ページ）を目標にしながら、資産を形成していただきたいと思います。

Ａさんの資産形成案の結論

まずは、毎月10万円を捻出し、８万円を貯蓄、２万円をｉＤｅＣｏで積立年金、もしくは投資信託に投資をして、節税と運用益の非課税メリットを享受します。

ある程度貯蓄ができた1年後には、一般ＮＩＳＡ（２０２４年以降は新ＮＩＳＡ）を活用して、貯蓄１３０万円のうち約50万円をＪ－ＲＥＩＴに投資します。将来的には米ドルを多めに円とドルの債券を両方持つのが理想ですが、日本とアメリカの金利を見比べて、どちらの債券を厚めにするかを決めるといいでしょう。

Ａさんはまだ若く資産が少ないので、株式の割合を多くしてもいいと思います。

結婚したばかりで、将来は子どもと家が欲しい夫婦

B・Cさん

夫Bさん（29歳）、妻Cさん（31歳）。
賃貸マンション暮らしで共働き。
世帯年収９００万円。貯金80万円。

結婚したばかりで、あまり貯金がありません。将来的には子どもが2人欲しいですし、マイホームも考えています。収入は平均的だと思いますが、どのように資産を形成していけばいいでしょうか。

POINT

- ✓ｉＤｅＣｏで老後資金、保険で学費を貯める
- ✓ＮＩＳＡでＪ-ＲＥＩＴ、株式の投資信託を買う

教育資金を念頭に置いた資産形成

世帯年収は９００万円ありますが、１人ずつで見ると、ほぼ全国平均です。しかし、貯蓄は平均より少なく、将来の養育費や教育費、そしてマイホーム資金を考えると、まず貯蓄を確実に増やす必要があります。

ＢさんとＣさんがそれぞれ４５０万円ずつ稼いでいると仮定すると、社会保険料、所得税、住民税などを控除した手取り収入は、それぞれ約３５０万円になります。つまり、世帯での手取りは７００万円ですね。

総務省統計局「家計調査家計収支２人世帯：世帯人員別１世帯当たり１カ月間の収入と支出」によると、２人世帯の平均消費支出は約22万円（家賃除く）、４人世帯の平均消費支出は約29万円（家賃除く）となっています。ＢさんとＣさんの場合は２人ですので、年間では（22万円×12カ月＝）２６４万円になります。

２人は賃貸住まいとのことですから、家賃の全国平均約６万円を採用します。２人暮らしで家賃が６万円であれば、それほど広くはないかもしれませんが、人気のエリアを外せば十分に１ＬＤＫくらいの物件を探すことができると思います。

家賃を含めると、年間の総支出は（２６４万円＋６万円×12カ月＝）３３６万円。手取りは700万円ですから、年間（700万円－336万円＝）364万円、つまり月に30万円ほど貯蓄にまわすことができそうです。

将来的に子どもが2人欲しいということですので、教育資金を頭に入れながら貯蓄と運用を考えていきたいと思います。

コア部分 iDeCoで老後資金と保険で教育資金、投資に慣れたら新NISAを活用

サテライト部分 一般NISAと新NISAでJ－REIT、株式投資信託

コア部分で老後資金を貯める

コアの部分は、Aさんと一緒で、iDeCoを活用します。夫婦それぞれ月2万円ずつ掛けていきましょう。

0・1%の金利（利息）で年金を積み立てていけば、結果は次のようになります。年間の節税額は、（所得税1万5600円＋住民税2万4000円＝）3万9600円で計算しました。

夫Bさんの31年後（60歳）の運用シミュレーション

積立元本……毎月2万円×12カ月×31年＝**744万円**
金利（利息）による運用益……約**11万円**
節税総額……3万9600円×31年＝約**122万円**
総額（31年後）……744万円＋11万円＋122万円＝約**877万円**

妻Cさんの29年後（60歳）の運用シミュレーション

積立元本……毎月2万円×12カ月×29年＝**696万円**
金利（利息）による運用益……約**10万円**
節税総額……3万9600円×29年＝約**114万円**
総額（29年後）……696万円＋10万円＋114万円＝約**820万円**

2人あわせると、(877万円＋820万円＝)1697万円になります。十分とは言えないかもしれませんが、会社の退職金や厚生年金を考慮すると、老後の不安は少なくなるのではないでしょうか。

もう少し積極的に運用したい方は、Aさんのところで紹介した外国債券の投資信託や外国株式の投資信託を考えてみるといいでしょう。

貯蓄の部分から貯蓄型保険に加入する

BさんとCさんは、2人分の教育費を考える必要があります。そこで、教育費を死亡などのリスクにも備えた貯蓄型保険で考えたいと思います。

このケースのように手取り資金が生活費に対して余裕のある世帯で、貯蓄以外の方法で教育資金確保の相談をされた場合には、私は貯蓄枠から「貯蓄型保険」に加入することをご提案しています。超低金利下で利息が大変少ないことがその理由です。将来の大学資金確保を見据えて保険料は月2万5000円で、年間30万円です。解約返戻率が高くなりますので、可能ならば年払いがおすすめです。

保険に入るのは、当初は夫婦のどちらか1人で大丈夫ですが、今回は妻Cさんを契約者とします（その理由は後ほど説明します）。払込期間10年間（元本＝年間保険料30万円×10年＝300万円）の終身保険を選んだとしましょう。ちなみに、保険は10年間で元本保険料を支払い終わった後も、解約せずに放っておくことができます。その場合には、金利（利息相当額）を毎年享受することができます。解約するまでの間は、死亡保障がありますので、万が一の場合には保険金をご家族の生活費として備えられます。

ただし、この種の保険は契約後10年以内に解約すると、ペナルティにより解約返戻金が支払総保険料（元本）を大きく割ることがありますので、あくまで余裕資金で検討することをおすすめします。これから子どもが生まれて、最もお金のかかる大学入学時の18年後に保険を解約することで大学資金が準備できます。

保険の18年後の運用シミュレーション

元本（支払保険料総額）……………300万円
運用益…………………………15万円
総額…………………………315万円

ところで、日本では子ども手当が１９７２年から実施されています。金額は時代とともに増えており、今後も拡充される可能性はありますが、現在では子どもが15歳になるまでに、約２００万円貯まるようになっています（第一子と第二子の場合）。（子ども手当２００万円＋保険３１５万円＝）５１５万円があれば、大学の費用としてはなんとかなりそうです。大学の４年間の学費（平均）は、国公立大学で約２４３万円、私立大学文系で約３９８万円、私立大学理系で約５４２万円となっています。私立大学理系には27万円ほど足りませんが、そのくらいであれば貯金から捻出できるのではないでしょうか。

第二子が誕生した場合も、同様の保険を検討するといいでしょう。今度は夫Ｂさんを契約者にします。男性と女性を比べると、男性は女性より平均寿命が短いため、死亡する可能性が少し高くなります。その分、保障額は同じでも、保険料は、男性のほうが高くなり解約返礼率が少しですが低くなります。

保険には予定利率というものがあります。予定利率とは、保険会社が契約者に約束する運用利回り（金利）のことですが、実際に契約者が受け取る利回りとは異なります。この予定利率が高いほど、貯蓄率が高くなるため、保険料は安くなる仕組みになっています。この予定利率は、10年物の国債の金利（長期金利）の影響を受けます。保険でもやはり金利が重要なのですね。

今は超低金利ですから、先に（第一子のときは）保険料の安い妻Cさんに加入していただき、次に（第二子のときは）夫Bさんが加入するほうが少しでもお得になると想定しました。現在のインフレ状況から、今後は金利が上がる可能性が高いので、第二子のときの保険料が安くなるかもしれないからです。

余談ですが、金利が高かったバブル期には、個人年金保険（自分で掛けて、老後に受け取る私的年金）の予定利率が5％後半から6％を超えるものも多く、受取総額が支払保険料総額の2倍になるような、今となってはお宝と言われる保険が存在しました。今の予定利率は0・3〜0・6％程度なので、さほどの魅力はありません。保険契約をするということは、保険料であるお金を支払期間中は拘束されることになりますので、余裕資金か、死亡保障と貯蓄を同時効率的に考えたい方以外は、無理やり検討する必要はないことを言い添えておきます。

また、子どもができる時期にもよりますが、加入時の年齢が40歳以上になると死亡保険料が上がり、さらに解約返戻率が劣るため、保険での資産運用はあまりおすすめしません。

さらに、外貨建て保険は為替のリスクが伴いますので、資金が必要になったとき、相当な円高になっていれば、元本を毀損する可能性があります。今回は学費のために解約する時期が決まっているため、外貨建ての保険はおすすめできません。

サテライト部分は一般NISA＋債券で

サテライト部分で積極的に投資を行うのは、Aさんと同じです。

BさんとCさんは、老後資金と2人の子どもの教育資金はコア部分でなんとかなりそうですので、サテライト部分は少しリスクを取っていただき、外国債券投資信託をメインに、外国株式投資信託に挑戦するのもいいと思います。コア部分ではマイホームのことを考える余裕がありませんでしたので、サテライト部分での資産運用で安定的かつ積極的に行えば、住宅ローンの頭金をつくれるかと思います。その際、課税対象にはなりますが、一般投資による国内債券や外国債券を候補に入れてもいいでしょう。

運用シミュレーションの結果はAさんと同じです。

30代の投資ポートフォリオ（147ページ）も参考にして、自分の投資計画を考えてもらえるといいでしょう。

BさんとCさんの資産形成案の結論

コア部分では、まずiDeCoで老後資金に備えます。そして万が一のときに家族を経済的に守ることも兼ねて、保険で子どもの教育資金を形成しましょう。それだけではマイホームの資金が難しいので、サテライト部分で少しリスクを取り、頭金をつくることができれば、念願のマイホームにも希望が見えてくると思います。そして将来、投資に慣れ安定的な収益確保ができれば、コアとしても積極的な投資を目指してください。

資産形成のモデルケース③

マンション購入を検討中、貯金800万円の40代

D・Eさん

夫Dさん(42歳)、妻Eさん(40歳)、小学校3年生と小学校1年生の4人家族。
家賃9万円。
世帯年収600万円。貯金800万円。

現在の住まいの近くに4000万円の中古マンションを見つけたのですが、購入してもいいでしょうか?

POINT

- ✓管理費・修繕積立金もプラスして考える
- ✓返済のシミュレーションは「固定金利・35年」で!

4人暮らしでの倹約生活

世帯年収が600万円ということですので、社会保険料や所得税、住民税などを控除した手取りは、約460万円になります。

次に毎月の支出を考えましょう。総務省統計局による4人世帯支出は29万円（家賃を除く）ですが、世帯年収が多くない割に貯金されているようですので、平均よりも倹約して暮らしていると仮定して、少なめの約22万円に設定しました。そこに家賃の9万円、子ども2人の習いごと代2万円を足して、毎月の支出は33万円です。年間にすると、（33万円×12カ月＝）396万円ですね。

手取りが460万円ですから、貯蓄にまわせる金額は（460万円－396万円＝）64万円しかありません。毎月5万3000円程度です。

マンションを購入するときの注意点

マンションを購入する場合、物件価格だけではなく、**管理費と修繕積立金**も考慮しなければいけません。仮に住宅ローンの毎月の返済額が現在の家賃と同等の9万円程度だったとしても、それに管理費と修繕積立金がプラスされます。地域によりますが、一般的な金額は月額で2万5000円以上になります（中古マンションのほうが高くなることもあります）。さらに固定資産税も別途支払わなければなりません。

また、固定金利1・4％で返済期間35年の住宅ローンを借りた場合、毎月の返済額が9万円になる借入額は3000万円にも届きません。残念ながら、4000万円の物件は難しいでしょう。

もし4000万円を借り入れた場合、同じ条件であれば住宅ローンの月返済額は12万1000円になります。約3万円がプラスになるので、余剰金の額はさらに減って、赤字になります。これまで質素な生活を心がけられているのに、赤字の生活になるのは辛いですね。

変動金利で借りれば、毎月の返済額は下がりますが、**2023年以降、金利が上がってくる傾向が強いので、変動金利での借入はおすすめしません。**

仮に金利が2％になると、4000万円の借入の場合は返済額が13万3000円に、3000万円の借入の場合は返済額が10万円になります（ただし、125％ルールと5年ルールがあるため、この数値は理論値であることは、先に説明したとおりです）。

そのように考えると、現実的には頭金として1000万円以上貯めるか、予算を下げるしかありません。

また、マンションを購入する場合、不動産仲介業者に対して仲介手数料や住宅ローンの手数料などの諸経費がかかります。中古マンションの場合の目安は物件価格の6～10％程度。仮に7％だとすると、（4000万円×7％＝）280万円かかります。諸経費分も住宅ローンに組み込めますが、その分、物件価格を下げなければなりません。

マンションはいつが買いどきか

現在はまだ金利が低いため、住宅の需要はかなり高いです。そのため、新築マンションに関して、不動産販売会社や不動産仲介会社は強気の価格で販売しています。販売による粗利は3割ほどあるとも言われています。つまり、原価に30％も上乗せして販売しているわけです。しかし、彼らも借入をして建設していますので、金利が上昇すると利益は減ります。

今後、金利が上がり始めると、マンションの需要は減ってくることが予想されます。すると、マンションが売れなくなるので、もう少し価格が下がってくるでしょう。よほど人気のある地域でない限り、リセール価格として1割から2割ほど下落する傾向があり、日銀の金融政策が転換されるとさらに下落する可能性も高まります。築浅の中古マンションでも、よりお買い得な物件が出てくるように思います。

そういう物件が出てくるのを待ちながら、現在の低金利のメリットを享受できるギリギリのタイミングを見計らうのがいいのではないでしょうか。

日々、物件を探しながら、金利のニュースにアンテナを張っておけば、ベストなタイミングが見えてくるはずですので、そのときのためにできる限り貯蓄を増やすようにされるのがいいのかなと思います。

DさんとEさんの資産形成案の結論

現在の状況では、4000万円のマンションを購入するのはおすすめしません。予算を3000万円程度に落としていただき、地域を郊外などに広げて探してみることも検討してください。

その上で、物件の価格が下がってくるタイミングと金利が上がるタイミングを見計らって、購入可能な物件を辛抱強く探すのがいいと思います。

子どもが「中学受験をしたい」と言い出した４人家族

F・Gさん

夫Fさん（42歳）、妻Gさん（38歳）、小学校４年生、小学校１年生の４人暮らし。
マンションを購入して４年、ローン残高は３０００万円。
世帯年収８４０万円（夫５１０万円、妻３３０万円）。貯金２４０万円。

子どもが２人いるのですが、上の子が私立の中学校に行きたいと言い出して、塾に通うか検討しています。上の子が私立に行くと、下の子も行きたいと言い出すと思います。２人とも中学から私立に通わせることができるのでしょうか。

POINT

- ✓ 東京都に暮らす場合、世帯年収１２００万円以上でないと、子ども二人を私立中高に通わせるのは難しい
- ✓ 高校無償化制度を活用する

中学校から私立に通うために必要な金額

世帯年収が８４０万円ということですが、社会保険料、所得税、住民税などを控除した手取りは、夫Ｆさんが３９０万円、妻Ｇさんが２６０万円になり、世帯手取りは６５０万円です（ここでは、子ども手当はすべて習いごとに費やすこととします）。

先に触れたように、総務省統計局の家計調査によると、４人世帯の平均消費支出は約29万円（家賃除く）ですから、年間で約３４８万円の支出になります。

４年前にマンションを購入して、残高は３０００万円ということですので、住宅ローンは残り31年、固定金利で１％だとして計算すると、毎月の返済額は９万４０００円になります。年間だと（９万４０００円×12カ月＝）１１２万８０００円です。

年間の総支出＝３４８万円＋１１２万８０００円＝約４６１万円
貯蓄可能額＝手取り６５０万円－４６１万円＝約１８９万円（月15万円程度）

もし東京在住の場合、私立中学校と私立高校の納付金は、初年度（入学金＋授業料）

約１００万円が必要になってきます。授業料は平均的に毎年５％ずつ値上がりしていますので、そのことを考慮に入れると、３年間でだいたい２６０万円ほどかかります。また、交通費や雑費などを考慮すると、３年間で３００万円ほど見込んでおいたほうがいいでしょう。

高校も私立に行くと、中学校とあわせて６００万円ですね。大学も私立に行けば、一人につき１０００万円以上はかかります。

二人とも中学校から私立に行くと、２０００万円以上は必要になる計算です。

ライフプランを考え直すべきか

問題は、毎月の余剰資金15万円のうち、いくらを教育資金にまわすことができるかです。例えば、毎月15万円を貯蓄した場合、２０００万円（現在の貯蓄額２４０万円も含む）が貯まるには、（２０００万円－２４０万円）÷15万円＝約１１７カ月。つまり、10年近くかかるということです（金利を考えない場合）。

大学は二人とも私立に行ったと仮定し、平均的な初年度納付額を１５０万円、次年度以降の授業料を１１５万円として試算し、二つのパターンでシミュレーションしてみました。毎月10万円を貯蓄した場合と毎月15万円を貯蓄した場合です。

図19を見ると、毎月10万円を貯蓄した場合は、13年目、つまり第一子が大学4年生、第二子が大学1年生のときに赤字になることがわかります。

一方、毎月15万円を貯蓄した場合は、第二子が大学を卒業したとき、７８９万円ほど残ることになります。ただし、毎月15万円を貯蓄するということは、旅行に行くことも、贅沢をすることもまったくできません。人生の楽しみをほぼ放棄しないと難しい額です。また、塾や習いごとの費用は入っていませんので、実際はもっとお金がかかるかと思います。ちなみに、我が家では、次男が小学6年生に進級した春に急遽受験を希望し、受験までの10カ月間の塾代には60万円程度を費やしました。

こう見ると、収入アップを考えるか、中学は公立にして高校から私立にするか、大学は国公立に限定するかなど、ライフプランを練り直さなければいけません。

私のところに来られる方の相談では、実は子どもの私立進学に関することも多いです。いろいろなデータを示しながら説明させていただくのですが、結論を言いますと、**東京都内で暮らしている場合、世帯年収が１２００万円以上でないと二人の子を私立中高に通わせるのは難しい**、というのが現実です。

図19

月10万円／15万円を積み立てたとき

年次	1	2	3	4	5	6	7	8	9	10	11	12	13	14	15	16
第一子	小4	小5	小6	中1	中2	中3	高1	高2	高3	大1	大2	大3	大4			
学費				100	80	84	88	93	97	150	115	115	115			
第二子	小1	小2	小3	小4	小5	小6	中1	中2	中3	高1	高2	高3	大1	大2	大3	大4
学費							108	93	97	102	107	112	150	115	115	115
学費負担合計				100	80	84	196	186	194	252	222	227	265	115	115	115
積立額（月10万円・年120万円）		120	120	120	120	120	120	120	120	120	120	120	120	120	120	120
貯蓄額	240	360	480	500	540	576	500	434	360	228	126	19	**−126**	**−121**	**−116**	**−111**
積立額（月15万円・年180万円）		180	180	180	180	180	180	180	180	180	180	180	180	180	180	180
貯蓄額	240	420	600	680	780	876	860	854	840	768	726	679	594	659	724	789

（注）単位は万円。学費は毎年5%値上げを想定。

高校無償化制度を活用する

しかしながら、ここ最近、救世主が現れました。２０１０年度から開始された高校無償化制度（高等学校等就学支援金制度）です。当初は世帯所得が５９０万円以下という条件だったのですが、２０２０年から世帯年収の目安が９１０万円までに拡大。世帯年収が８４０万円のＦさんとＧさんも対象となったのです。

世帯年収が５９０万円以下の家庭では年間39万６０００円、世帯年収９１０万円以下の家庭では年間11万８８００円が国から給付されます。

また自治体によっては独自の助成金があり、例えば東京都では世帯年収９１０万円以下の家庭には、国からとあわせて合計給付金が年間47万円５０００円になる額（授業料軽減助成金35万６２００円）がプラスで給付されます。第一子と第二子の高校３年間の合計６年間、毎年47万５０００円が給付されたとして、先ほどと同じようにシミュレーションしてみました（図20）。

高校無償化制度を活用すれば、毎月10万円の貯金でも、お子様を二人とも中学校から大学まで私立に通わせることができることが判明しました。

毎月の余剰金15万円のうち、10万円を教育資金として蓄え、残りの５万円の中か

図20

図19に高校就学支援金が加わった場合

年次	1	2	3	4	5	6	7	8	9	10	11	12	13	14	15	16
第一子	小4	小5	小6	中1	中2	中3	高1	高2	高3	大1	大2	大3	大4			
学費				100	80	84	88	93	97	150	115	115	115			
第二子	小1	小2	小3	小4	小5	小6	中1	中2	中3	高1	高2	高3	大1	大2	大3	大4
学費							108	93	97	102	107	112	150	115	115	115
第一子の高校就学支援金							47.5	47.5	47.5							
第二子の高校就学支援金										47.5	47.5	47.5				
学費負担合計				100	80	84	149	138	147	204	174	180	265	115	115	115
積立額（月10万円・年120万円）		120	120	120	120	120	120	120	120	120	120	120	120	120	120	120
貯蓄額	240	360	480	500	540	576	547	529	502	418	364	304	159	164	169	174
積立額（月15万円・年180万円）		180	180	180	180	180	180	180	180	180	180	180	180	180	180	180
貯蓄額	240	420	600	680	780	876	907	949	982	958	964	964	879	944	1009	1074

（注）単位は万円。学費は毎年5%値上げを想定。

ら、収入が多い夫Ｆさんが月額２万３０００円をｉＤｅＣｏに掛けて、節税メリットを享受しながら老後資金を形成するのがいいでしょう。

もし予定よりも資金にゆとりが生まれてきたら、２０２４年から始まる新ＮＩＳＡで資産運用することもご検討ください。その場合、40代の投資ポートフォリオ（１４７ページ）が参考になると思います。

ＦさんとＧさんの資産形成案の結論

お子様を二人とも中学から私立に通わせた場合、たとえ、高校無償化制度を利用しても、生活は余裕がなくて厳しく、余暇を楽しむことができなくなることが予想されますので、おすすめはできません。収入を大幅にアップできるか、具体的な数字を計算した上で、ご家族でよく話し合ってみてください。

貯蓄にゆとりができたら、ｉＤｅＣｏで節税効果を活かしながら老後資金を蓄え、さらに新ＮＩＳＡも視野に入れていくといいでしょう。

資産形成のモデルケース⑤

生涯ひとりで楽しく暮らしたい40歳

Hさん

都内にマンションを購入して10年経過、住宅ローンの残高は2500万円、残年数25年、変動金利0・5%、月返済額は約9万円。年収1000万円。貯金2000万円。趣味は旅行とファッション。

生涯ひとりで暮らすつもりです。老後を楽しく豊かに過ごすために、今から積極的に運用したいのですが、どうすればいいでしょうか?

POINT

- ✔ 細かな節税を楽しんで増やす
- ✔ 住宅ローンを固定金利に借り換える

銀行を替えるだけで得をする

私のところに相談に来られる方は、女性のほうが多いです。特に独身の女性は、独身の男性よりも計画的思考なのか、理由はいくつもあるとは思いますが、真剣に資産運用を考えられます。このＨさんのような、マンションを持っておられて、それなりに貯蓄もある方からの相談もよくあります。積極的に資産を運用するために学びたいという向上心が高いのだと思います。

Ｈさんの社会保険料、所得税、住民税を控除した手取りは、約７２０万円です。旅行好きで、衣服にもある程度お金をかけるとのことで、住宅ローンの返済額９万円を含めて、毎月の支出を約30万円としました（先述のとおり、総務省統計局の「家計収支単身世帯」によりますと、単身世帯の35〜59歳の女性の平均支出は、家賃を除き14万７０６１円）。

年間の貯蓄可能額は、（７２０万円−30万円×12カ月＝）３６０万円。つまり、毎月30万円を貯蓄にまわせることがわかります。

まずは、現在の貯蓄額１０００万円超をデビットカード利用でキャッシュバック率が高い銀行に移管します。例えば、**ソニー銀行の場合、Sony Bank WALLET を利用すれば、利用額の２％がキャッシュバックされる**のです（預金１０００万円超の優遇プログラムClub S適用の場合）。もし生活費30万円を全額Sony Bank WALLETで支払ったとすると、毎月（30万円×2％＝）6000円が翌月に戻ってきます。

細かい話ですが、塵も積もればなんとやらで、年間（6000円×12カ月＝）7万2000円、Hさんが60歳になるまでの20年間で（7万2000円×20年＝）144万円も現金が戻ってくるのです。また、他行への振込手数料も毎月11回まで、外貨送金（仕向け送金）手数料も毎月3回まで無料になるサービスもあります。外貨を保有すれば外貨で引き落としができますので、第2章でも述べたように、航空チケットの購入やアマゾンでの支払いも可能です。まさしく万能カードですね。

こういったサービスをうまく利用して、少しでも資産を確保してほしいと思います。少し面倒に思うかもしれませんが、こういった細かいことを楽しみながら実行している方のほうが、うまく資産を形成されているように感じます。

貯蓄をフルに活用して、資産を運用する

さて、資産運用のほうですが、節税メリットを享受するためにも、iDeCoは上限まで掛けることにします。40歳という年齢から、ここではリスクを取らず、先

ずは確実に資産を積み立てる積立年金（0・1％）を選びましょう。

20年後（60歳）の運用シミュレーション

積立元本……毎月2万3000円×12カ月×20年＝**552万円**

金利（利息）による運用益……約**5万5000円**

節税総額……8万3900円×20年＝**167万8000円**

総額（20年後）……552万円＋5万5000円＋167万8000円＝約**725万円**

次に、一般NISAを利用して、J-REITを持ちます。Hさんは資金にゆとりがありますので、非課税になるNISAの限度額だけではなく、源泉徴収税がかかる一般投資にも広げて運用していきます。ちなみに前にも触れましたが、一般NISAの限度額は、今のところ年間120万円ですが、2024年1月1日から新NISAとしてスタートすると、限度額は年間360万円程度になる予定です。

そこで、ここでは上限120万円（非課税）をJ-REIT日本都市ファンド投資法人（証券コード8953）に投資します。分配利回り4・50％（2023年5月現在）、今後5年間、分配利回りが4・50％だとすると、その運用益は（120万円×4・50％×5年＝）27万円です。

5年後の運用シミュレーション

元本……………………**120万円**
運用益…………………**27万円**
総額……………………**147万円**

つまり、5年後には約27万円の利益が生まれることになります。

また、海外債券のUFJファイナンシャル・グループ（金利3・961％、95・29％、満期償還5・3年、利回り4・99％）に2万ドルを一般投資した場合は、以下のとおりです。

一般投資の5・3年後 の運用シミュレーション

元本（額面の金額）…………2万ドル×95・29％
＝**1万9058ドル**（1ドル＝130円換算で約248万円）

運用益（利息＋償還差益）……**4096・3〜4287・7ドル**（償還時の為替レートにより運用益は変動、1ドル＝130円で不変の場合は、約53万円）

総額…………**2万3154・3〜2万3345・7ドル**
（1ドル＝130円換算で301〜303万円）

さらに、一般投資で200万円ほどを外国株式投資信託で運用するのもいいでしょう。前にも出てきましたが、「eMAXIS Slim S&P500（3年トータルリターン年率21・96％、信託報酬0・0968％）」を選んだ場合、実績の3年のみ（信託報酬控除後）で検証すると、次のようになります。

3年後の運用シミュレーション

投資額……200万円
運用益……約129万円（源泉徴収税20・315%課税後）
総額……約329万円

住宅ローンを固定金利に借り換える

資産の運用については、以上で問題ないのですが、Hさんには他に重要な問題があります。それは、住宅ローンの変動金利です。第2章でも述べましたが、今後金利が上がると予想される中、変動金利のままでいるのは非常に危険です。

例えば、金利が2%になったとすると、現在の住宅ローン残高が2500万円の場合、25年後の返済総額はかなり高くなります。比較のために、私が実際に経験（契約）した30年前の住宅ローン、金利4・5%になった場合も記載しておきます。

金利0・5%の場合……月返済額＝8万9000円、返済総額＝2661万円
金利2・0%の場合……月返済額＝10万6000円、返済総額＝3179万円
金利4・5%の場合……月返済額＝13万9000円、返済総額＝4169万円

この額はあくまでも理論値です。実際は、5年ルールと125%ルールがあるために、返済総額はもう少し複雑になります。ただ、それほど大きくは変わりませんので、金利が上がる怖さは実感してもらえるでしょう。

つまりHさんは、今後の金利の動きを予測しながら、金利が上がると思うのであれば、変動金利から固定金利に借り換えるべきだと考えます。

↓

Hさんの資産形成案の結論

貯蓄と運用資金として月30万円ほど捻出し、コア部分は、iDeCoで限度額まで節税運用します。貯蓄している預金を移動させて細かな節税をしながら、一般NISAで限度額までJ-REITに投資し、一般投資で国内債券と海外債券に投資します。

サテライト部分は、一般投資で外国株式のインデックスファンドにも積極的にチャレンジしてみるといいでしょう。投資に慣れたら、コアとしてこの種の商品を対象にして、2024年以降は新NISAの枠も念頭に置いて投資してください。

忘れてはならないのが、住宅ローンの借り換えです。

おわりに

この本を手に取ってくださり、そして最後まで読んでいただきまして、ありがとうございました。

金利の重要さについて、ご理解いただけましたでしょうか。

「はじめに」でも触れましたが、金利のことを理解すれば、賢い資産形成と資産運用に役立てることができます。そのためには、少しお勉強になってしまいましたが、金利の役割や社会への影響などについて、第1章と第2章で、なるべくわかりやすくお伝えしたつもりです。

この世の中が金利によって動いていることを実感していただき、その金利を味方につけた投資を心がければ、グッとラクに資産を構築することができると思います。

本書の最初に登場した佐藤さんと田中さんのように、同じことをしていても、金利の違いによって、大きな違いが生まれるのです。

本書で何度も述べましたが、日本は２０１６年からずっとマイナス金利が続いています。それは、停滞した日本経済を活性化させるため、消費者物価指数を２％程度にするための最終手段でもありました。

残念ながら、それでも消費者物価指数は２％に届かず、結局のところ、ロシアによるウクライナ侵攻という外部要因によって世界中で物価が上がり、それぞれの国で金利が上がり、そして日本でも消費者物価指数が２％を超えてきました。ようやく、給与も上がってきています。

いよいよ、日本の金利も上がるときが来たのです。

２０２３年６月21日の金融政策決定会合では、残念ながら長短金利操作：ＹＣＣ（イールドカーブコントロール）下での10年物国債金利の許容変動幅の修正や撤廃もなく、政策金利はマイナスのまま据え置きになりましたが、上がっていくことが期待されます。今後どうなっていくかは、本書で詳しく述べたとおりです。

今後は、金融政策変更の時期を見逃さずに賢く投資していただきたいですし、現在の資産の置き場所を考え直して資産が目減りしないように対処していただきたいと思います。金利の知識があれば、専門家の発言やニュースの煽りにも騙されず、自分で考えることができるはずです。

売りたいモノをすすめてくる営業スタッフの言いなりになるのではなく、自分で吟味して選択や決断ができることがとても重要です。何ごとも、ほったらかすのではなく、設定したゴールに達したときには、必ず利益を確定する決断が必要で、そのためには世の中の金利に敏感になることが重要であり、そしてそれは、資産運用を成功させ、効率的な資産形成をする近道になります。

金融の世界でプロ同士が使う言葉や知識を、少しでも一般の方々に伝え届けたい、日常生活にも取り入れてもらいたい、そんな気持ちから本書が出来上がりました。

最後になりましたが、本書のためにデータの使用を快く許可してくださったＪＰモルガン・アセット・マネジメント株式会社、ニッセイアセットマネジメント株式会社、三井住友ＤＳアセットマネジメント株式会社に心より感謝申し上げます。

また、本書を書くことができたのも、これまで私に相談してくださった多くのお客様のおかげです。特に付録の「資産形成のモデルケース」では、みなさんの立場や状況を少しずつ参考にさせていただいたことをここでお詫びすると同時にお礼申し上げます。みなさんの資産形成ライフが輝かしいものになることを祈願して、最後の言葉を述べさせていただきたいと思います。

金利と共にあらんことを！　May the interest rate be with you!

執筆にあたり、文章構成をお手伝いくださいました毬藻舎の森秀治さん、そして本書の企画の始めから終わりまですべてでお世話になりました大和書房の鈴木萌さんには、時間をかけて、きめ細やかな指導と多大なるご尽力をいただきました。この場をお借りして心より感謝申し上げます。

2023年7月吉日

福本眞也

福本眞也 Shinya Fukumoto

FPコンシェル株式会社代表取締役、FP&マネーコンシェルジュ。

1級ファイナンシャル・プランニング技能士、CFP®認定者、証券外務員。

1987年京都外国語大学外国語学部英米語学科卒業後、ユニバーサル証券（現三菱UFJモルガンスタンレー証券）入社、大和証券へ1年間出向し約8年勤務後、トロント・ドミニオン銀行・証券共同営業部長を経て、ナショナル・オーストラリア証券日本法人社長に就任。その後、クレディ・スイス証券、JPモルガン証券など外資系投資銀行に勤務。資金調達（国内外株式・債券）とIPO実務を積み、クレジット・金利・為替・株式・コモディティ等のデリバティブ商品の組成・販売に従事し、幅広い金融知識とビジネス統轄の経験を生かし独立。現在は住宅ローン、資産運用、保険の見直しなど、できる限りわかりやすい言葉で、お客様の理解にあわせてアドバイスすることをモットーにしている。

18歳、16歳、14歳の三児の父。特技はコスパを極めることと、魚をさばくこと。

https://fpconcier.com/

お金《かね》は「金利《きんり》」で増《ふ》やすのです

2023年8月5日　第1刷発行

著者　福本眞也《ふくもとしんや》

発行者　佐藤 靖

発行所　大和《だいわ》書房
東京都文京区関口1-33-4 〒112-0014
電話 03-3203-4511

編集協力　森秀治（毬藻舎）
装丁　新井大輔　中島里夏（装幀新井）
イラスト　亀山鶴子
DTP・図版作成　マーリンクレイン
本文印刷　シナノ
カバー印刷　歩プロセス
製本　ナショナル製本

ISBN 978-4-479-79788-3
乱丁・落丁本はお取り替えいたします
http://www.daiwashobo.co.jp